머리말

우리가 살고 있는 사회를 이끌어 갈 인재는 창의적 사고, 융합적인 사고, 문제해결력 등을 갖추어야한다고 말하고 있습니다. 이미 커다란 변화가 진행되고 있는 소프트웨어 중심의 미래사회에서는 컴퓨팅 능력 또한 인재가 갖추어야할 능력이라고 말합니다. 컴퓨팅 사고력이란 컴퓨터 환경에서 프로그래밍을 통해 창의적으로 문제를 해결하는 능력으로서 읽기, 쓰기, 셈하기와 같은 기본적인 소양에 추가되어야 할 분석적 능력입니다. 따라서 이 책에서는 흥미로운 문제들을 해결하기 위해 문제를 분석하고, 설계하고, 프로그램을 작성하는 과정 속에서 창의적 문제해결력 뿐만 아니라 컴퓨팅 사고의 향상이 이루어지도록 노력하였습니다.

이 책은 교육용 프로그래밍 언어 '엔트리'를 기반으로 하고 있습니다.

우리가 사용하는 언어가 있듯이 컴퓨터가 사용하는 언어가 있습니다. 이러한 언어를 프로그래밍 언어라고 합니다. C, C++, 파이선 등과 같은 프로그래밍 언어는 글로 명령어를 쓰도록 되어 있어 프로그래밍 언어를 처음 접한 사람들에게는 어려울 수 있습니다. 엔트리는 C, C++, 자바, 파이선 등과 같은 텍스트형 프로그래밍 언어에 비해 학생들이 쉽게 다가갈 수 있는 블록형 언어로서 학생들이 소프트웨어 중심사회의 일원으로 성장해 가는 데 있어 도움을 줄 수 있는 처음 만나는 프로그래밍 언어입니다. 이 책에서 엔트리와 함께하는 다양한 수학 탐구활동은 학생들의 호기심을 자극하고 탐구에 흥미를 더해 줄 것입니다.

이 책에서는 수학적 문제 해결력과 컴퓨팅 사고의 개발이라는 두 가지 목적을 달성하고자 하였습니다.

많은 연구에서 수학교과와 코딩의 통합이 수학적 사고, 문제 해결력, 컴퓨팅 사고의 개발에 긍정적 영향을 미치고 있다는 사실을 증명하고 있습니다. 이에 가장 논리적 사고의 중심에 있는 도형에 관한 문제를 해결하는 과정에서 자연스럽게 프로그래밍 언어를 익힘으로써 수학적 문제 해결력과 컴퓨팅 사고의 개발이라는 두 가지 목적을 달성하고자, 주제의 선택, 문제 해결의 알고리즘화, 창의적 활동에 역점을 두고 이 책을 구성하였습니다.

이 책은 프로그래밍 언어에 관심을 가진 교사와 학생을 포함한 모든 분들에게 유용한 도서가 되도록 노력하였습니다.

정규교육과정 이외에도 자유학기제의 프로젝트 활동, 창의 체험활동, 동아리의 주제탐구활동, 수학영재교육 등 다양한 탐구활동에 활용될 수 있으며 이미 초등실과시간에 배운 프로그래밍 능력이 더해진다면 수학문제 해결과 함께 우리의 상상력을 마음껏 발휘하는 데 더욱 도움이 될 것입니다.

수학과 프로그래밍 교육의 통합

우리는 현대와 같은 지능, 정보, 기술의 융합과학시대를 소위 4차 산업 혁명의 시대라 말합니다. 이 시대는 인공로봇, 사물인터넷, 무인 자동차 등에서와 같이 소프트웨어의 역할이 더욱 커진 소프트웨어 중심 사회라고 말할 수 있습니다. 소프트웨어는 생활에서의 번거로운 일들을 편리하게 자동으로 처리할 수 있게 해 줌으로써 우리의 생활에 큰 변화를 가져왔습니다. 스마트폰 앱만 보아도 너무도 편리한 많은 앱들이 그동안 우리가 상상했던 일들을 실현시켜주면서 우리의 생활에 편의를 제공하고 있습니다. 앞으로는 소프트웨어로 무장된 인공지능 로봇과 함께 일해야 하는 시대가 됩니다.

혁명이라 부를 정도의 급격한 시대의 변화는 사람들이 지식에 접근하고 서로 소통하는 방식과 함께 정치, 경제, 교육 등 사회 전반에 걸쳐 변화를 요구하고 있습니다.

교육 내용 및 방법에서도 변화가 요구되고 있습니다.

특히 세계 교육의 흐름에서 주목할 만한 것은 교육에 지대한 영향을 미쳤던 컴퓨터의 사용에 대한 패러다임이 CAI(Computer Assisted Instruction)에서 프로그래밍 교육으로 변하고 있다는 것입니다. 영국을 비롯한 여러 나라에서 이미 초중등교육과정에 프로그래밍 교육을 도입하여 어떤 문제가 발생하였을 때, 문제를 해결하기 위해 자료를 수집하고 이를 정보로 만드는 과정 그리고 자료를 단순화하여 문제 해결의 실마리를 찾고, 컴퓨터 프로그래밍을 이용하여 문제를 해결할 수 있는 능력의 배양에 초점을 두고 교육하고 있습니다.

누구나 쉽게 보고 따라하면서 재미있고 다양한 소프트웨어를 만들 수 있는 엔트리

엔트리와 함께하는 중등 수학

기하편

강순자, 임해경, 김지원, 주재은 지음

저자 **강 순 자**

- 전남대학교 수학교육과 교수
- 전남대학교 과학영재교육원장 역임

저서
- 초등 수학 코딩 (엔트리 도형편)
- GSP를 이용한 기하탐구
- 중등수학 교과서
- 미분적분학

저자 **임 해 경**

- 광주교육대학교 수학교육과 교수
- 수학과 교육과정 심의위원 역임
- 초등학교 교과서 심의위원 역임

저서
- 초등 수학 코딩 (엔트리 도형편)
- 생활 속의 수학이야기
- 초·중등 교사를 위한 GSP의 활용

저자 **김 지 원**

- 광주삼육초등학교 교사

저자 **주 재 은**

- 광주자연과학고등학교 교사(2010~2015)
- 신용중학교 교사(2016~)

저서
- 지오지브라 수학교실을 말하다

엔트리와 함께하는 중등 수학-기하편

초판인쇄 2019년 6월 30일
초판발행 2019년 6월 30일

저 자 강순자, 임해경, 김지원, 주재은

펴 낸 곳 이모션북스
주 소 서울시 중구 퇴계로 213 일흥빌딩 408호
등 록 2016년 10월 1일 제571-92-00230호
전 화 02)381-0706 | **팩스** 02)371-0706
이 메 일 emotion-books@naver.com
홈페이지 www.emotionbooks.co.kr

ISBN 979-11-89876-11-1
값 18,000원

이 도서의 국립중앙도서관 출판예정도서목록(CIP)은 서지정보유통지원시스템 홈페이지(http://seoji.nl.go.kr)와 국가자료공동목록시스템(http://www.nl.go.kr/kolisnet)에서 이용하실 수 있습니다.
(CIP제어번호 : CIP2019018457)

이 책은 저작권법으로 보호받는 저작물입니다.
이 책의 내용을 전부 또는 일부를 무단으로 전재하거나 복제할 수 없습니다.
파본이나 잘못된 책은 바꿔드립니다.

프로그래밍 교육의 도입 목적은 문제 해결력과 컴퓨팅 사고력의 개발에 있습니다.

교육에서의 세계적 흐름에 발맞추어 우리나라에서는 '2015년 문.이과 통합형 교육과정 총론'에 소프트웨어 교육의 강화에 대한 내용을 포함시켰습니다. 이에 따라 2018년부터 중등 정보교과에서 프로그래밍 교육을 실시하고 있고, 2019년에는 초등교육과정에서 실과 교과에 프로그래밍 교육이 도입되었습니다. 여기서 주목할 것은 컴퓨터 프로그래밍 도입의 목적을 프로그래밍 기능의 숙달보다는 문제해결에 초점을 둔 컴퓨팅 사고(Computational Thinking, CT)의 개발이라고 정하고 있다는 것입니다.

컴퓨팅 사고력은 읽기, 쓰기, 셈하기와 같은 기본적인 소양에 추가되어야 능력입니다.

미국 콜롬비아대학 교수 자네트 윙(Jeannette Wing)은 컴퓨팅 사고란 문제해결, 시스템 디자인 그리고 인간행위에 대한 이해 등을 포함한 기능으로서 모든 사람들이 배우고 사용할 수 있는 읽기, 쓰기, 셈하기와 같은 기본적인 소양에 추가되어야 할 분석적 능력이라고 말합니다. 간단히 말해서, 복잡한 문제를 알고리즘적으로 해결하는 데 사용되는 사고로서 컴퓨터 환경에서는 컴퓨터가 실행할 수 있는 방식으로 문제와 해를 표현하는 일련의 문제해결 방식이라고 볼 수 있습니다.

컴퓨팅 사고의 개발은 다양한 교과와의 통합 속에서 이루어지는 것이 효과적입니다.

일반적으로 컴퓨팅 사고의 개발은 프로그래밍과 정보, 예술, 과학, 언어 등과 같은 다른 과목과의 연계로 이루어질 수 있으며 실제 여러 교과영역과 프로그래밍을 통합하려는 시도가 이루어지고 있습니다. 특히 최근에는 수학교육과 프로그래밍의 통합을 통해 문제 해결력 뿐 아니라 컴퓨팅 사고를 개발하려는 많은 시도가 이루어지고 있습니다.

이 책의 차례

머리말 / 1

이 책의 구성 / 8

CHAPTER 00　엔트리 소개

1. 엔트리 소개 ···10
2. 엔트리 시작하기 ··11
3. 만들기 ··14
4. 학급관리 ··17

CHAPTER 01　정다각형 그리기

문제01. 정오각형 그리기 ···25
문제02. 정육각형, 정칠각형 그리기 ···33
문제03. 몇 각형을 그릴 것인지 묻고, 대답을 받아 원하는 정다각형 그리기 ······36
더 나아가기 / 생각해 보기 / 꾸미기 / 생각해 보기 해답 / 수학 개념 정리

CHAPTER 02　정다각형을 이용하여 무늬 만들기

문제01. 정오각형 꽃잎 6개로 이루어진 꽃 그리기 ······················47

문제02. 꽃잎 개수와 모양이 주어질 때마다 꽃 그리기 ·· 50

문제03. 겹 다각형 무늬 그리기 ·· 55

더 나아가기 / 생각해 보기 / 꾸미기 / 생각해 보기 해답

CHAPTER 03 원 그리기

문제01. 도장찍기로 원 그리기 ··· 69

문제02. 컴퍼스로 그리듯 원 그리기 ··· 74

문제03. 원의 직교방정식을 이용한 원 그리기 ··· 78

문제04. 원의 매개방정식을 이용한 원 그리기 ··· 81

더 나아가기 / 생각해 보기 / 생각해 보기 해답 / 수학 개념 정리

CHAPTER 04 올림픽 오륜기 그리기

문제01. 오륜기 그리기 1 ··· 89

문제02. 오륜기 그리기 2 ··· 94

더 나아가기 / 꾸미기 / 수학 개념 정리

CHAPTER 05 꽃 무늬 그리기

문제01. 꽃 무늬 1 그리기 ·· 105

문제02. 꽃 무늬 2 그리기 ·· 111

더 나아가기 / 생각해 보기 / 생각해 보기 해답 / 수학 개념 정리

CHAPTER 06 장미꽃 그리기

문제01. 정오각형을 이용하여 장미 꽃 그리기 ·· 121
문제02. 원을 이용하여 장미꽃 그리기 ··· 130
더 나아가기 / 생각해 보기 / 생각해 보기 해답 / 수학 개념 정리

CHAPTER 07 아르키메데스 나선 그리기

문제01. 아르키메데스 나선 그리기 ··· 141
문제02. 정오각형 나선 그리기 ··· 145
더 나아가기 / 생각해 보기 / 생각해 보기 해답

CHAPTER 08 황금 나선 그리기

문제01. 황금 사각형과 황금 나선 그리기 ··· 157
문제02. 황금 삼각형과 황금 나선 그리기 ··· 164
더 나아가기 / 생각해 보기 / 꾸미기 / 생각해 보기 해답 / 수학 개념 정리

CHAPTER 09 별 다각형 그리기

문제01. 변의 길이가 정해진 (8,3) 타입의 별 다각형 그리기 ························ 179
문제02. 좌표이동을 이용한 (8,3) 타입의 별 다각형 그리기 ························· 182
문제03. 서로소인 p, q가 주어질 때마다 (q,p)타입 별 다각형 그리기 ··············· 185
문제04. 임의의 p, q가 주어질 때마다 (q,p)타입 별 다각형 그리기 ················· 190

더 나아가기 / 생각해 보기 / 꾸미기 / 생각해 보기 해답

CHAPTER 10 재귀 함수를 이용하여 무늬 그리기

문제01. 재귀적 방법으로 겹 다각형 그리기 ·········· 201
문제02. 재귀적 방법으로 정다각형 나선 그리기 ·········· 207
더 나아가기 / 생각해 보기 / 생각해 보기 해답

CHAPTER 11 시어핀스키 다각형 그리기

문제01. 시어핀스키 삼각형 그리기 ·········· 215
문제02. 시어핀스키 사각형 그리기 ·········· 219
생각해 보기 / 생각해 보기 해답

CHAPTER 12 코흐 곡선 그리기

문제01. 코흐 곡선 그리기 ·········· 229
문제02. 코흐 곡선의 변형 곡선 그리기 ·········· 234
더 나아가기 / 생각해 보기 / 꾸미기 / 생각해 보기 해답

CHAPTER 13 프랙탈 나무 그리기

문제01. 이진 프랙탈 나무 그리기 ·········· 245
문제02. 피타고라스 나무 그리기 ·········· 249
더 나아가기 / 생각해 보기 / 생각해 보기 해답

이 책의 구성

이 책에서는 수학적 논리적 사고를 필요로 하는 도형의 성질을 이용하여 다양한 무늬를 디자인하고 이를 프로그래밍으로 구현해 보도록 하고 있습니다. 각 문제 해결 방법은 이 책에서 제시한 방법 외에 다양한 방법들이 있으며 여러분의 창의적 문제 해결을 기대해 봅니다. 이 책을 공부하는 동안 수학적 문제 해결력의 향상은 물론 미래 사회를 살아갈 학생들이 갖추어야 할 기본 소양인 컴퓨팅 사고의 개발이 이루어지리라 기대하면서 다음과 같이 책의 내용을 구성하였습니다.

 각 장에서는 하나의 프로젝트를 수행하도록 하였고 수학과 코딩과 관련한 학습내용을 표기하였습니다.

 프로젝트의 해결을 위하여 작은 문제들로 분해하여 해결하도록 하였으며 문제 해결 단계를 문제 분석하기, 설계하기, 블록 조립하기, 실행 결과 확인하기로 나누었습니다.

 프로그래밍을 하면서 도움이 될 만한 팁들을 실었습니다.

 엔트리의 기능과 관련하여 상세한 설명을 실었습니다.

 엔트리의 심화된 기능을 이용하여 다양한 방법으로 프로그래밍을 시도해 보도록 하였습니다.

 좀 더 수학적으로 고민하여 코딩을 시도할 만한 문제를 실었습니다.

해결한 문제상황을 창의적으로 발전시켜 보도록 하는 코너로서 예시를 제시하였습니다.

 생각해 보기의 답을 각 장의 뒷부분에 실었습니다.

 코딩하는 내용과 관련된 수학 개념을 간단히 정리하였습니다.

각 프로그램 아래 명시된 QR코드와 URL을 이용하여 해당 문제별 프로그램의 실행결과를 확인할 수 있도록 하였습니다.

CHAPTER 00

엔트리 소개

CHAPTER 00 엔트리 소개

1. 엔트리 소개

　엔트리(play-entry.org)는 네이버 커넥트 재단에서 비영리로 운영하는 소프트웨어 교육 플랫폼입니다. 엔트리는 학생들이 소프트웨어를 쉽고 재미있게 학습하고, 교사들이 효과적으로 학생들을 가르칠 수 있는 소프트웨어 교육 플랫폼이 되도록 구성되어 있습니다.

　현재 많은 학생들이 엔트리를 통해 소프트웨어를 배우고 있으며, 다수의 SW 교육 선도/연구학교에서 엔트리를 채택하여 교육을 하고 있습니다. 2018년도부터는 <2015 개정 교육과정>에 따라 많은 정보 교과서에서 엔트리를 교육용 프로그래밍 언어로 채택하여, 전국의 초·중·고등학교에서 학생들을 대상으로 엔트리를 이용한 교육을 진행하고 있습니다. 엔트리는 크롬 브라우저에 최적화되어 있습니다.

엔트리의 서비스는 크게 학습하기, 만들기, 공유하기, 학급관리하기로 구성되어있으며, 각각에서 제공하는 기능들은 아래와 같습니다.

학습하기	공유하기
게임을 하듯 미션을 해결하며 소프트웨어의 원리를 배울 수 있는 다양한 학습 콘텐츠가 준비되어 있습니다.	엔트리를 통해 제작한 작품을 다른 사람들과 공유할 수 있습니다.
만들기	학급관리하기
블록을 사용한 비주얼 프로그래밍 언어로서 프로그래밍을 처음 접하는 사람들도 쉽게 자신만의 창작물을 만들 수 있습니다.	교사가 학급별로 학생들을 관리할 수 있는 기능입니다. 학급 구성원끼리 학습하고 작품을 만들고 학생들의 결과물을 공유할 수 있습니다.

2. 엔트리 시작하기

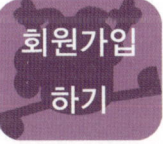

엔트리의 회원가입은 간단한 과정을 거쳐 이루어지며 회원가입을 하면 아래와 같은 기능들을 이용할 수 있습니다.

1. 내가 만든 작품을 저장하고 공개할 수 있습니다.
2. 다른 친구들이 공유한 작품에 댓글을 달거나 '좋아요/관심 작품'을 누를 수 있습니다.
3. 내가 학습하고 있는 내용을 강의와 내용을 저장할 수 있습니다.
4. '선생님'으로 가입한 경우 학급을 개설하고 학생을 관리할 수 있습니다

 '저장하기'를 눌러 내가 만든 작품을 저장할 수 있습니다. 자신의 계정 아이디를 클릭하면 저장한 작품을 조회 할 수 있습니다.

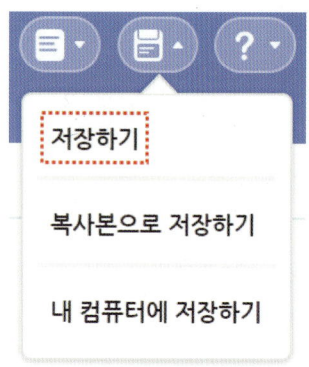

- **저장하기** – 작품이 인터넷상에서 로그인을 한 계정에 저장됩니다.
- **복사본으로 저장하기** – 기존에 저장된 프로그램과 다른 사본으로 저장됩니다.
- **내 컴퓨터에 저장하기** – 자신이 만든 프로그램이 PC의 하드웨어에 저장됩니다.

 마이 페이지의 작품 목록에서 작품의 를 클릭하면 내가 만든 작품이 [공유하기]에 올라가며 다른 친구들과 공유하고 서로의 의견을 나눌 수 있습니다.

- 자신의 아이디를 클릭한 뒤 공유하고 싶은 작품의 공유 버튼을 클릭하여 엽니다.
- 팝업창을 통해 작품을 공유할 공간을 선택합니다.
- 저작권 정책에 동의하면 공유가 이루어집니다.
- 내가 공유한 작품을 [공유하기]에서 볼 수 있습니다.

- 공개된 작품의 [코드보기]를 누르면 해당 작품이 어떻게 구성되어있는지 볼 수 있습니다.
- 다른 사람의 코드를 통해 다양한 구현에 대한 아이디어를 얻거나, 마음에 드는 작품을 좀 더 발전 시켜 나만의 작품으로 만들어 다시 저장할 수도 있습니다.

3. 만들기

엔트리 [만들기]에서는 다양한 게임, 애니메이션, 응용프로그램 등 다양한 작품을 만들 수 있습니다. 엔트리 만들기 화면은 아래와 같이 구성되어있습니다.

 실행화면은 좌표를 가지고 있습니다. 가장 중앙의 좌표값을 x=0, y=0으로 하여 x축 방향으로 −240~240, y축 방향으로 −135~135로 이루어져있습니다.

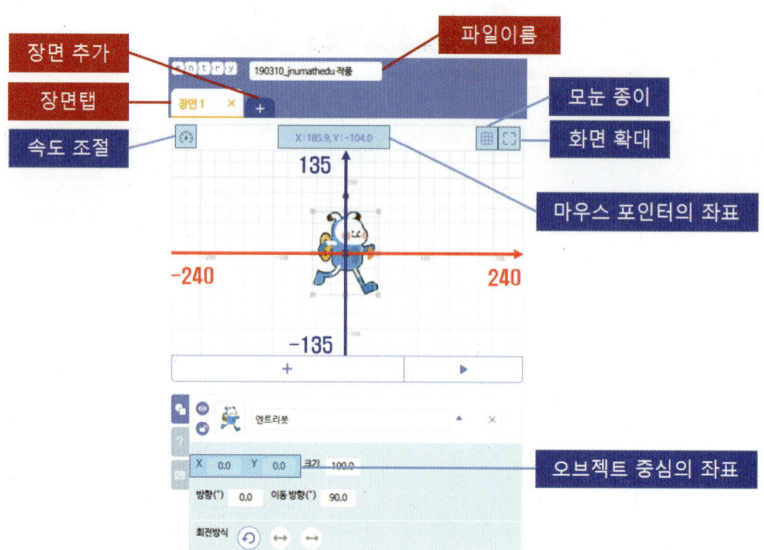

오브젝트 목록

'명령어를 통해 움직일 수 있는 캐릭터, 배경, 글상자와 같은 것들'을 오브젝트라고 합니다. 오브젝트는 이름, 위치, 크기, 방향, 이동방향, 회전방식의 정보를 가지고 있습니다. 이러한 정보들은 오브젝트의 핸들러를 이용하여 바꾸거나, 연필모양의 수정버튼을 눌러 직접 입력할 수 있습니다.

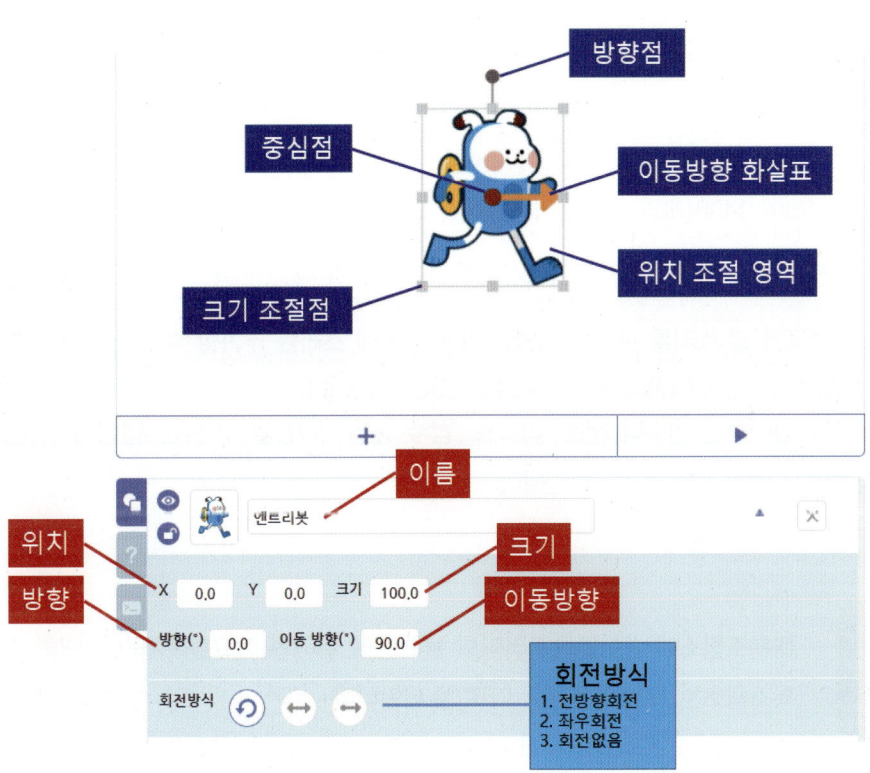

블록꾸러미에는 오브젝트에게 명령할 수 있는 다양한 블록들이 있습니다. 원하는 블록을 블록조립소로 끌어와 레고처럼 조립할 수 있는데, 이렇게 조립한 블록들을 '코드'라고 합니다. '시작하기' 버튼을 누르면 오브젝트가 명령에 따라 움직입니다. 블록꾸러미와 블록조립소, 그리고 실행화면은 영역조절 핸들러를 통해 영역의 그 크기를 조절할 수 있습니다.

블록꾸러미는 블록, 모양, 소리, 속성의 네 개의 탭으로 이루어져 있습니다.

블록 오브젝트를 움직일 수 있는 다양한 명령 블록들이 있는 곳입니다. 시작, 흐름, 생김새 등 11개 카테고리에 140여개의 블록들이 있습니다.

모양 오브젝트의 모양을 추가하거나 이름을 수정하고 복제하는 등의 작업을 할 수 있는 탭입니다.

소리 오브젝트가 낼 소리를 관리하는 탭입니다. 새롭게 소리를 추가할 수도 있고, 이미 추가된 소리들을 재생버튼을 이용해서 바로 들어볼 수도 있습니다.

속성 코드에 관여하는 변수나 신호, 리스트, 함수 등을 추가 할 수 있는 탭입니다. 엔트리 중, 고급 과정에서 많이 다루게 될 탭입니다.

블록조립소에서는 블록꾸러미의 블록들을 끌어와 레고블록처럼 조립할 수 있습니다. 블록조립소는 오브젝트마다 따로 존재합니다.

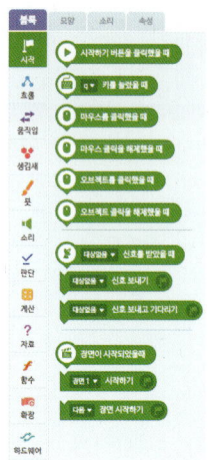

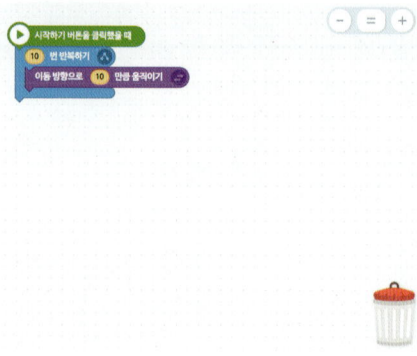

 **블록복사 및 삭제**   블록 위에서 마우스 오른쪽 버튼을 클릭하면 블록을 복사하거나 삭제할 수 있습니다. 필요하지 않은 블록은 마우스로 끌어서 휴지통에 넣어 버립니다.

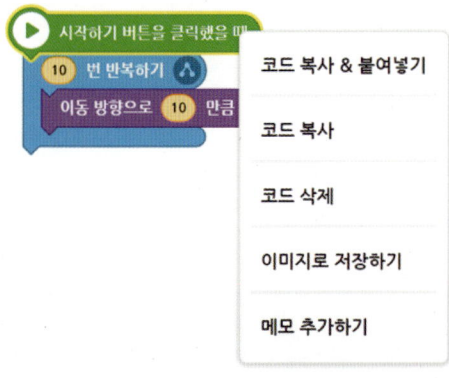

4. 학급관리

(1) 교사는 학교에서의 수업을 위해 학생들과 함께 '나의 학급' 기능을 사용할 수 있으며, 나의 학급을 통해 학생들이 공유한 작품들을 확인할 수 있습니다.

■ 엔트리 첫 화면의 사용자 아이디 밑에 나의 학급을 클릭하여 들어갑니다.

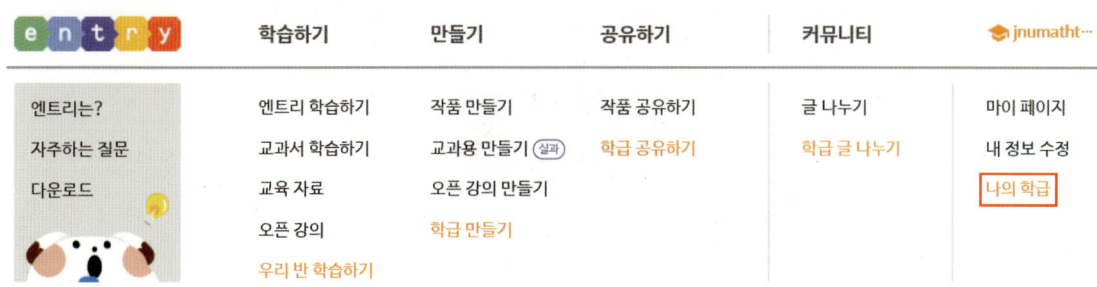

- ■ ➕ 버튼을 클릭한 후 '학급 이름', '학년', '이미지'를 선택한 후 '학급 만들기'를 클릭합니다. 예를 들어 학급 이름을 '엔트리 수학교실'이라고 하고 학년을 '중등1'이라고 하면 오른편과 같이 학급이 만들어집니다.

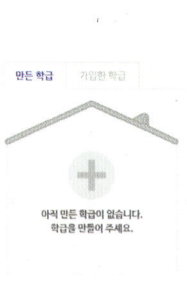  

- ■ 학급 만들기를 완료한 후 학급에 들어가면 아래와 같은 화면이 생성됩니다.

■ 학생을 초대하기 위해 [학생 관리]를 클릭하고 [학생 초대하기]를 클릭하면 아래와 같은 학급 코드가 나오고 이 코드를 학생들과 공유하여 학급에 가입시킬 수 있습니다. 발급된 학급 코드는 일주일 동안 유효합니다.

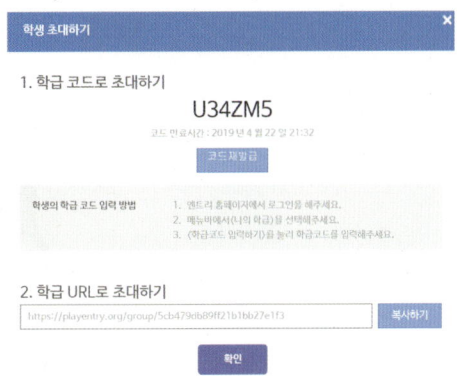

(2) 학생은 엔트리 첫 화면의 사용자 아이디 밑에 나의 학급을 클릭하여 학급코드를 입력합니다.

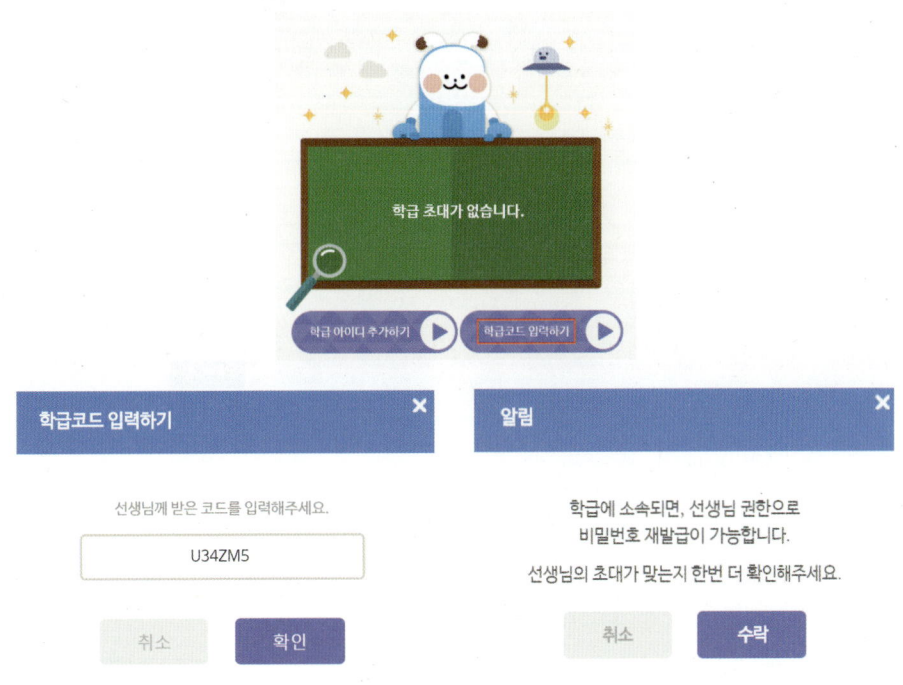

- 학급에 가입한 학생은 '학급 공유하기'의 '작품 공유하기' 기능을 이용하여 자신이 만든 작품을 학급 구성원들과 공유할 수 있습니다.

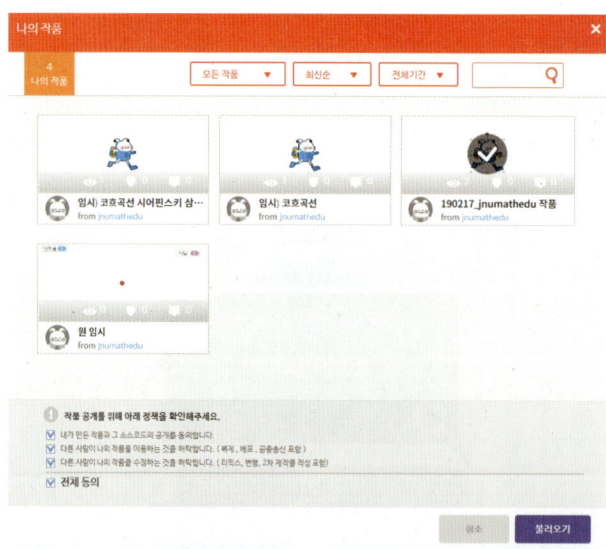

■ 교사는 학생들이 공유한 작품들을 확인할 수 있습니다.

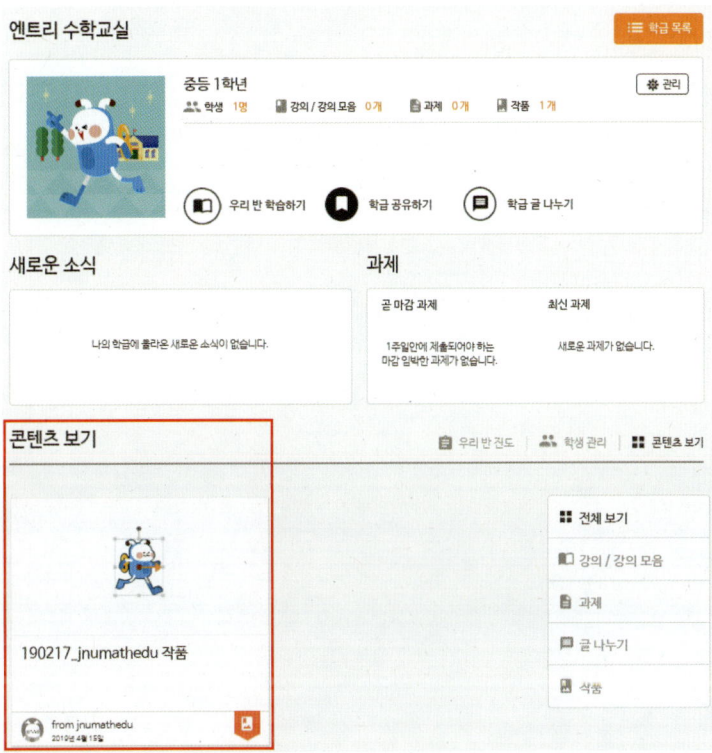

CHAPTER 01

정다각형 그리기

CHAPTER 01 정다각형 그리기

학습 내용
- 수학 - 정다각형, 다각형의 내각, 다각형의 외각
- 코딩 - 순차처리, 반복, 반복을 포함한 반복, 변수

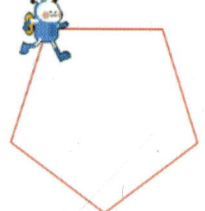 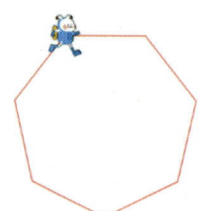 

정다각형이란 모든 변의 길이가 같고 모든 내각의 크기가 같은 다각형을 정다각형이라고 한다. 일반적으로 n을 입력할 때마다 정n각형을 그리는 프로그램을 만들기 위해서 먼저 정오각형, 정육각형, 정칠각형을 그리는 프로그램을 만들어 보고 그 과정에서 규칙성을 찾아 정n각형을 그리는 프로그램을 만들어 보기로 한다.

문제 01 정오각형 그리기

문제 분석하기

❶ 정오각형은 다섯 개의 변의 길이가 같고 내각이 모두 108도로 같은 도형이다.

❷ 한 변 길이는 적당하게 100으로 하자.

❸ 정오각형을 그리는 데 필요한 요소는 무엇일까?

> 한 변의 길이와 내각 또는 외각

❹ 정오각형의 내각의 크기와 외각의 크기는 얼마일까?

> 내각의 크기 = 108° , 외각의 크기 = 72°

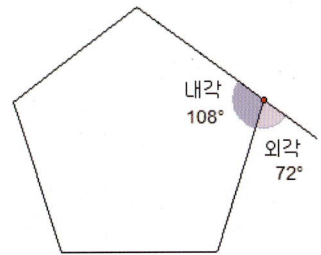

 잠깐!

- 첫 실행화면의 오브젝트는 화살표 방향으로 진행할 준비를 하고 있으며 그 방향이 0도 방향이다.
- '72도 회전'은 오브젝트가 시계방향으로 72도를 회전함을 나타내고 '-72도'는 반시계방향으로의 회전을 의미한다.

설계하기

❶ 알고리즘

정오각형을 그리기 위해서는 우리가 어떻게 해야 하는지 생각해 보자. 우리(오브젝트)가 정오각형의 변을 따라 100(한 변의 길이)만큼 걷다가 시계방향으로 외각의 크기인 72도만큼 돌아서 다시 걷는 일을 5번 반복해야 한다. 그 과정을 간단히 정리해 보자.

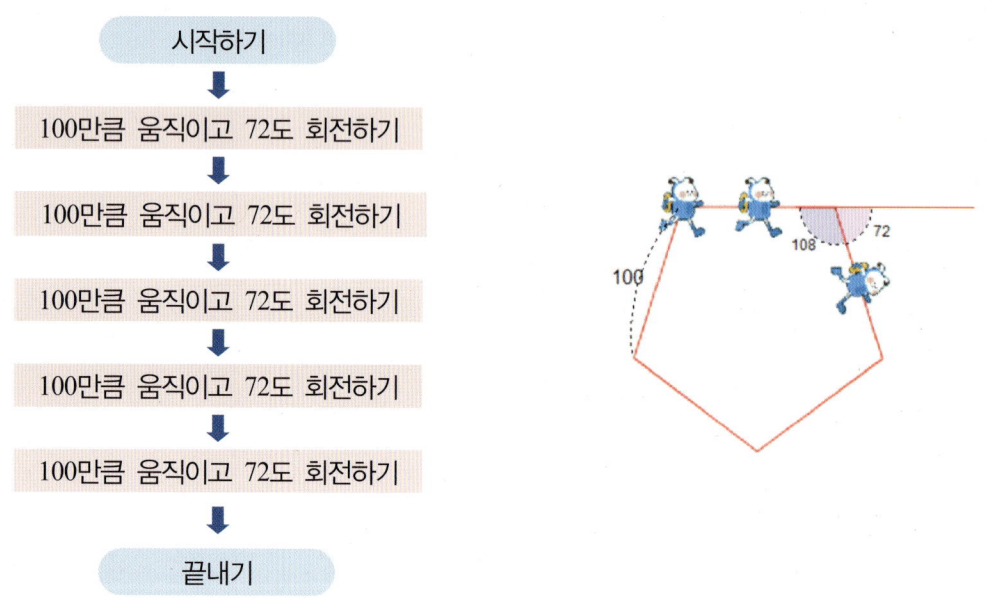

❷ 오브젝트

기본 오브젝트인 엔트리봇으로 정하고 마우스로 엔트리봇 상자 모서리를 끌어 적당한 크기로 줄이거나, 블록 [크기를 100 (으)로 정하기] 에 적당한 수를 입력한다.

❸ 새로운 블록

정오각형을 그리려면 변의 길이만큼 이동시키는 블록, 회전을 명령하는 블록이 필요하다. 그런데 이동하고 회전만 해서는 그려지지 않는다. 엔트리 봇이 지나간 자리를 그리는 블록도 필요하다. 물론 시작을 명령하는 블록도 필요하다.

블록 조립과 실행 결과 확인하기

❶ 한 변의 길이 100만큼 이동하고 다음 변을 그리기 위하여 엔트리 붓은 외각 72도 만큼 회전한다. 모든 블록조립은  블록으로 시작하며 엔트리 붓이 움직인 자취를 그리기 위해서는 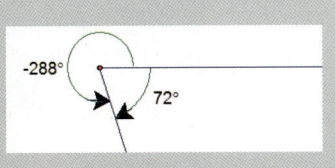 블록이 필요하다.

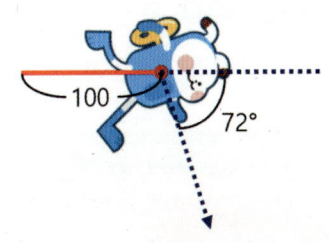

잠깐! 각의 회전

- 일반적으로 각도에 방향을 줄 때 수학에서 72도는 **시계반대방향**으로 잰 각을 말한다.
- 엔트리에서 오브젝트의 회전각도 72도는 **시계방향**으로 도는 각도이다.
- 엔트리의 회전각도 72도는 시계반대방향으로 288도를 돌면 같은 위치지만 도는 방향이 반대이므로 회전 각도는 -288도와 같다.

CHAPTER 1 정다각형 그리기

❷ 정오각형을 그리기 위해서는 이러한 과정을 5번 반복한다. 이 때 이동하기와 회전하기 두 블록을 4번 더 쌓으면 되므로 복사해서 붙이면 된다. 복사하고자 하는 블록 모둠의 맨 위쪽 블록에 마우스를 대고 오른쪽 클릭하여 '코드 복사 & 붙여넣기'나 '코드 복사'를 선택한 후 붙여넣기를 한다.

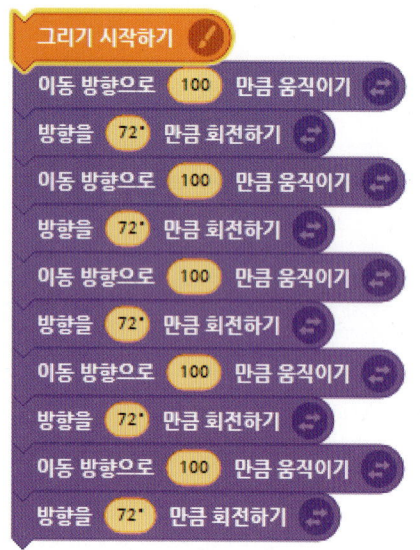

잠깐!

- 블록에 마우스를 대고 오른쪽 클릭하여 코드 복사를 하면 선택한 블록 아래 모든 블록들이 복사된다.

❸ 엔트리 봇의 크기를 줄이기 위해 블록  에 30을 입력해보자. 맨 위에 실행을 명령하는 블록 을 쌓아 블록 조립을 완성한 후 실행화면 아래 ▶을 클릭하여 프로그램을 실행해보자. 이 때 실행결과가 화면에 잘 나타나도록 엔트리 봇을 적당한 위치로 옮긴다.

http://naver.me/5RTl5wTv

더 나아가기 1   반복하기 블록을 이용하여 프로그래밍하기

    컴퓨터가 여러 번 반복하는 일을 간단하게 잘 처리하는 것은 프로그래밍에서 어떤 일을 반복해서 실행하게 하는 반복 기능 덕분이다. 반복 기능을 사용하면 훨씬 쉽고 단순하게 코딩을 할 수 있다. 엔트리에서는 똑같은 블록을 여러 번 사용하는 경우에 '반복하기' 블록을 사용하면 블록의 개수를 줄일 수 있으며 프로그램의 구조를 한눈에 알아 볼 수 있다.

    반복된 긴 블록을 간단하게 줄이기 위해서 아래와 같은 반복하기 블록을 사용해 보자.

새로운 블록

   감싸고 있는 블록들을 설정한 횟수만큼 반복 실행한다.

Step 1

아래 정오각형 그리기 프로그램에서 빨간 상자안의 두 블록이 5번 반복되고 있음을 알 수 있다. 반복하기 블록  에 반복횟수 5를 입력하고 두 블록을 끼워 넣으면 프로그램의 길이가 짧아진다.

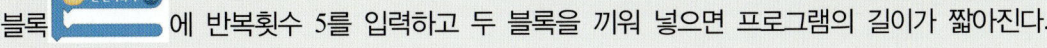

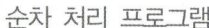

순차 처리 프로그램 = 반복 처리 프로그램

http://naver.me/Gj4zCoPj

- 오각형 그리기의 두 프로그램에서 첫 번째 프로그램과 같이 위에서 아래로 순서대로 블록의 명령을 실행하도록 한 프로그램을 **순차 처리 프로그램**이라 하고, 순차처리 프로그래밍에서 반복되는 명령들을 묶어 간단히 처리하는 프로그램을 **반복 처리 프로그램**이라고 한다.

더 나아가기 2 | 그리는 과정이 보이도록 프로그래밍 하기

위의 정오각형 그리기 프로그램을 실행해 보면 시작하는 순간 완성된 정오각형이 나타난다. 그러나 정오각형이 그려지는 과정을 차례로 보고 싶다면 어떻게 해야 할까? 블록 을 회전하기 다음에 끼워 넣으면 도형이 그려지는 과정을 볼 수 있다.

새로운 블록

    설정한 시간만큼 기다린 후 다음 블록을 실행한다.

http://naver.me/GvLsKAj3

 생각해 보기 1

다음 정오각형 그리기의 두 프로그램의 차이점을 찾아보자.

(1)

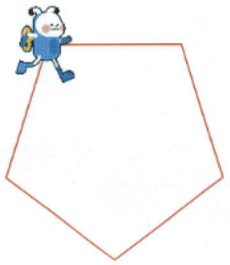

http://naver.me/F9dSG6AP

(2)

http://naver.me/x7hZmoQm

 ## 생각해 보기 2

위의 프로그램에서 코드를 다음과 같이 바꾸어 실행해 보자. 다른 점은 무엇인가?

정육각형, 정칠각형 그리기

아래 첫 번째는 앞에서 우리가 완성한 정오각형 그리기 프로그램이다. 이제 정육각형, 정칠각형 프로그램을 완성해 보자.

❶ 정육각형 그리기 프로그램의 ( ) 안에 적당한 수를 넣어보자.

　반복횟수(변의수) 6,　회전각(외각) 360/6=60

❷ 정칠각형 그리기 프로그램의 ( ) 안에 적당한 수를 넣어보자.

　반복횟수(변의수) 7,　회전각(외각) 360/7=51.428...60

잠깐!

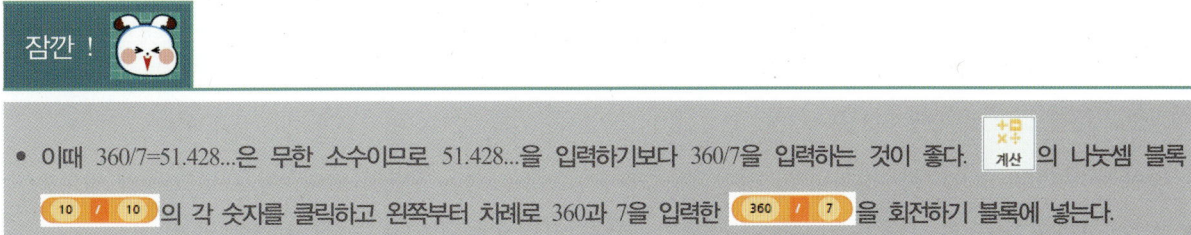

- 이때 360/7=51.428...은 무한 소수이므로 51.428...을 입력하기보다 360/7을 입력하는 것이 좋다. 계산의 나눗셈 블록의 각 숫자를 클릭하고 왼쪽부터 차례로 360과 7을 입력한 을 회전하기 블록에 넣는다.

잠깐! 한 변의 길이 설정

- 한 변의 길이는 일정한 데 정다각형의 변의 수가 많아지면 도형이 커져 화면에 다 나타낼 수 없음을 알 수 있다. 따라서 변의 수가 많을수록 변의 길이를 작게 해주면 도형이 화면 안에 다 들어오게 할 수 있다. 대략 정오각형의 변의 길이는 360/5 정도, 정육각형의 변의 길이는 360/6, 정육각형의 변의 길이는 360/7 정도로 정해주면 편리하다.

기능알기 | 비슷한 두 블록의 차이점

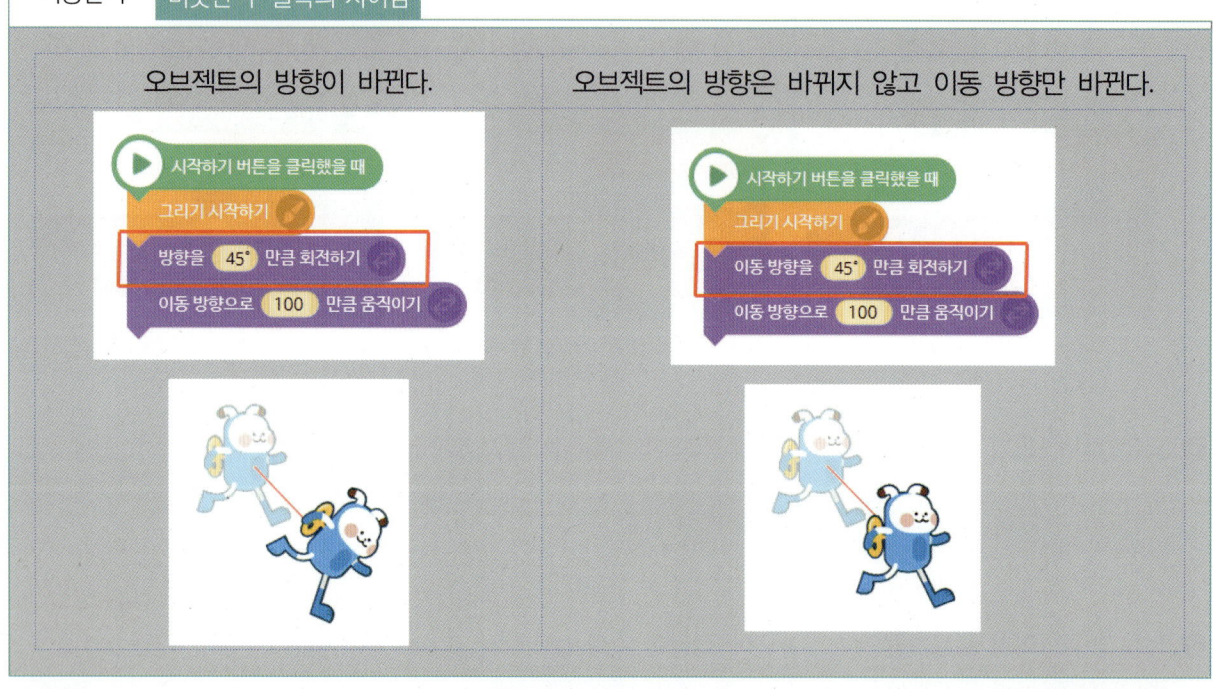

더 나아가기 3 | 5를 눌러 정오각형, 6을 눌러 정육각형, 7을 눌러 정칠각형 그리기

앞에서 우리는 정오각형, 정육각형, 정칠각형 그리기 프로그램을 완성하였다. 이 프로그램에 새로운 블록을 추가하여 5를 누르면 정오각형이, 6을 누르면 정육각형이, 7을 누르면 정칠각형이 그려지도록 해 보자.

새로운 블록

시작	🎹 q 키를 눌렀을 때	지정된 키를 누르면 그 아래 연결된 블록들을 실행한다.
흐름	안녕! 을(를) 4 초 동안 말하기 ▼	오브젝트가 입력한 내용을 입력한 시간 동안 말풍선으로 말한 후 다음 블록이 실행된다.
붓	모든 붓 지우기	해당 오브젝트가 그린 선과 도장을 모두 지운다.

 Step 1

🎹 q 키를 눌렀을 때 블록을 각 프로그램 위에 올린다. 각 도형을 그리기 전 화면을 깨끗이 지우기 위해 모든 붓 지우기 블록을 이용한다.

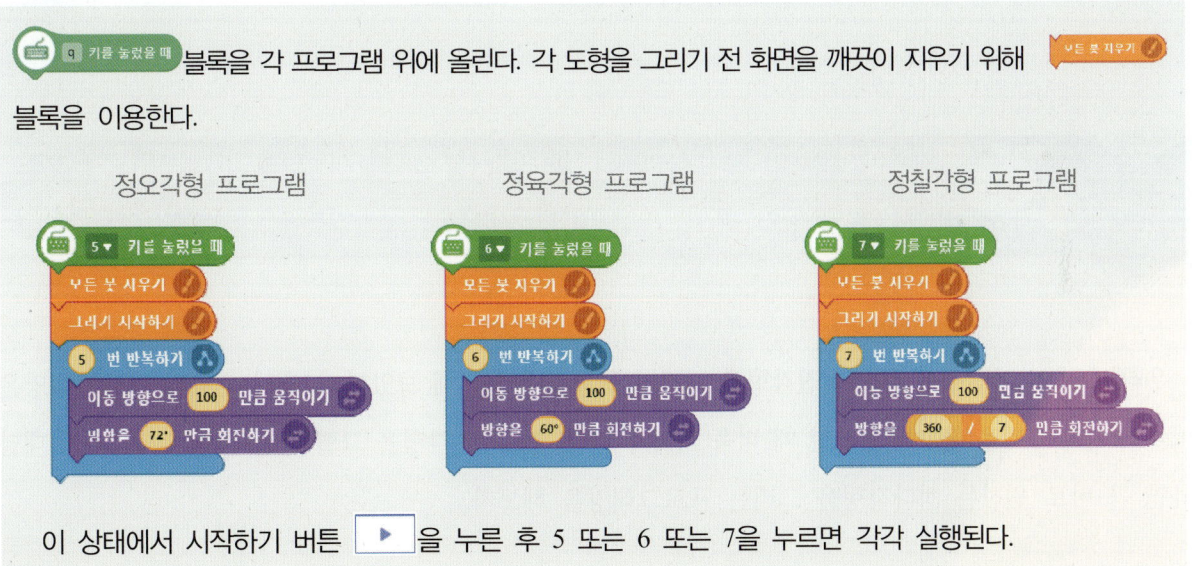

이 상태에서 시작하기 버튼 ▶ 을 누른 후 5 또는 6 또는 7을 누르면 각각 실행된다.

 Step 2

조금 더 친절하게 하려면 5, 6, 7 키를 누르라고 안내해 주면 좋겠다. 말하기 블록을 사용하여 5, 6, 7 키를 누르도록 안내할 수 있다. 안녕! 을(를) 4 초 동안 말하기 ▼ 블록의 안녕! 대신 정오각형은 5, 정육각형은 6, 정칠각형은 7키를 누르세요'라고 입력해 보자.

▶ 시작하기 버튼을 클릭했을 때
정5각형은 5, 정6각형은 6, 정7각형은 7키를 누르세요! 을(를) 2 초 동안 말하기 ▼

 **Step 3**

시작하기 버튼 ▶을 누른 다음 5, 6, 7을 마음대로 누른 경우의 실행 결과는 다음과 같다.

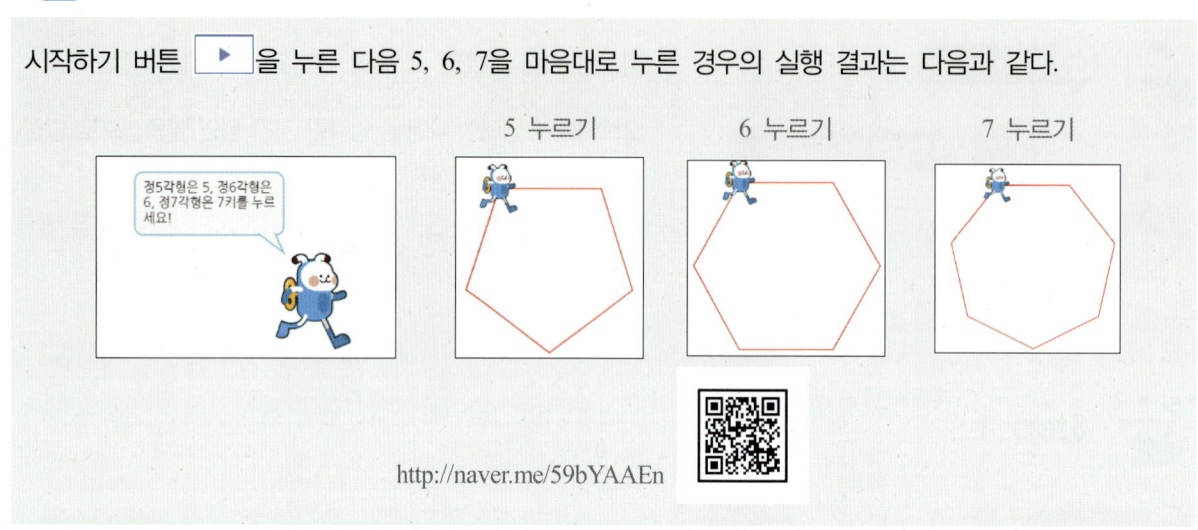

http://naver.me/59bYAAEn

· 문제 · 몇 각형을 그릴 것인지 묻고, 대답을 받아 원하는
03   정다각형 그리기

우리는 정오각형, 정육각형, 정칠각형을 그리기 프로그래밍을 해 보았다. 그러나 컴퓨터 프로그래밍은 이들 사이의 규칙을 찾아 일반화할 때 더욱 의미가 있다. 이제 몇 각형을 그릴 것인지 묻고 사용자가 대답하면 곧 바로 원하는 정다각형을 그리는 프로그래밍을 해보자.

문제 분석하기

❶ 먼저 앞에서 다루었던 『정오각형 그리기』 프로그램을 살펴 보자.

❷ 정n각형의 경우 반복 횟수는 n으로 한다.
❸ 정n각형의 외각의 크기는 $360/n$ 도이다. 따라서 회전 각도는 $360/n$로 한다.

설계하기

❶ 알고리즘

문제를 해결하는 방법을 그림으로 나타내 보자.

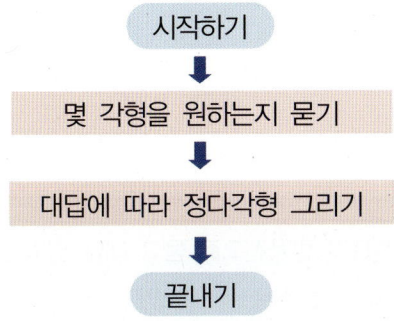

❷ 오브젝트

 연필 오브젝트를 준비해 보자.

- 실행화면 아래 기본 엔트리봇 옆의 ×를 클릭하여 엔트리봇을 삭제하고, + 를 클릭한다.
- 물건 의 연필(1)을 선택하고 추가하기 를 클릭하거나, 검색창에 '연필'이라고 입력하여 연필이 나오면 추가하기 를 선택한다.
- 선택된 연필이 실행화면에 나타나고 블록저장소의 블록이 사라진다.

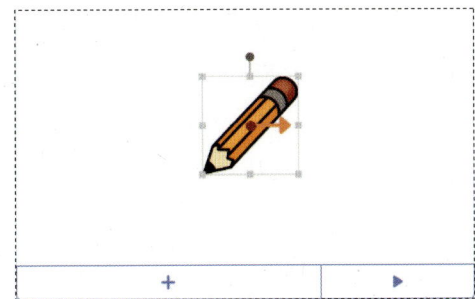

- 연필 오브젝트의 중심을 마우스로 끌어 연필 끝으로 옮기고 크기를 조절해 보자.

| 기능알기 | 새로운 오브젝트의 중심 이동 |

- 마우스로 중심을 끌어서 연필 끝으로 옮기고 연필 크기를 적당한 크기로 조절한다.

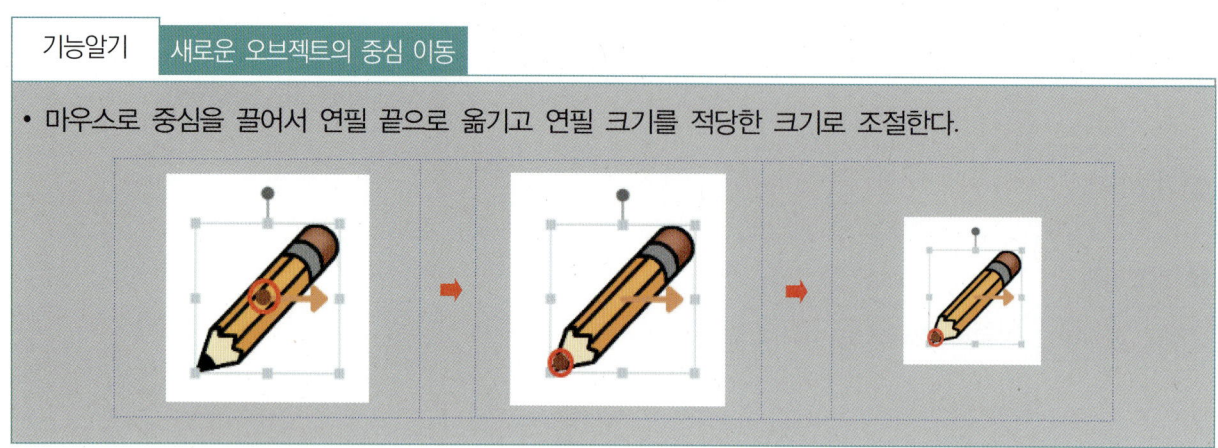

❸ 새로운 블록

? 자료	안녕! 을(를) 묻고 대답 기다리기	입력한 문자(안녕!)를 오브젝트가 말풍선으로 묻고 대답 입력을 기다린다. 이 블록을 블록 조립소로 가져오면 실행화면에 대답 0 이 생성된다.
? 자료	대답	오브젝트가 묻고 대답을 기다릴 때 입력한 값이 대답 에 입력된다.

블록 조립과 실행 결과 확인하기

한 변 길이가 80인 정다각형을 그리기 위해 블록을 조립해 보자.

❶ 몇 각형을 그리고 싶은지 묻고 대답하면 그 대답은 변수 대답 에 저장된다.

❷ 대답에 저장된 정다각형을 그리기 위해 한 변의 길이 80만큼 이동하고 외각  만큼 회전한다.

❸ 오브젝트의 크기를 30으로 정하고 블록과 함께 블록 조립을 완성한 후 실행 결과를 확인한다.

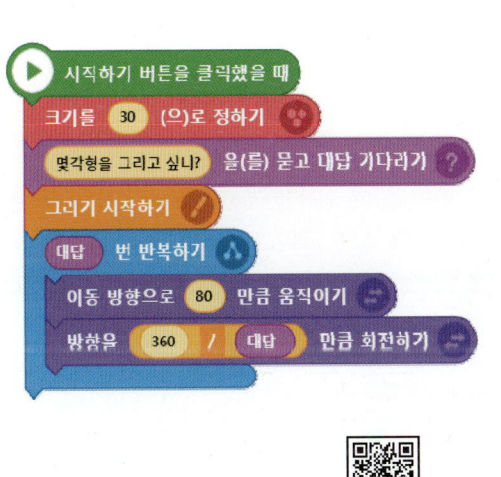

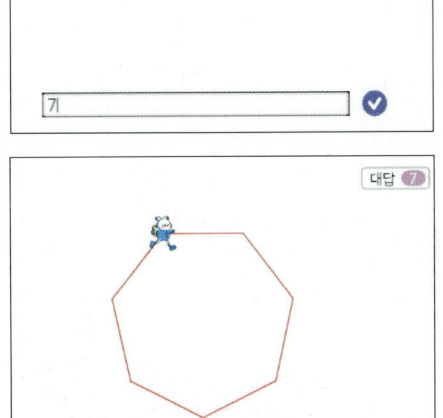

http://naver.me/F2es8I5T

잠깐!

- 몇 각형을 원하는지 물으면 값을 입력하고 ✓을 클릭하거나 enter 를 클릭한다.
- 그림의 일부가 나타나지 않은 경우 변의 길이를 줄이거나 연필의 위치를 옮겨보자.

 생각해 보기 3

정n각형들은 변의 길이가 같아도 n이 커지면 내각의 크기가 커지므로 커다란 정n각형이 만들어져 화면에 다 나올 수 없는 경우가 생긴다. 따라서 n이 커질수록 변의 길이를 작게 선택하는 것이 좋다. `이동 방향으로 80 만큼 움직이기` 의 80대신 `360 / 대답` 을 넣고 프로그램을 실행해 보자. 한 변씩 그리는 과정을 보고 싶을 때는 블록 `2 초 기다리기` 에 적당한 수를 입력한 후 적당한 위치에 끼워 넣는다.

 동물들이 있는 들판에 정오각형의 색과 선의 두께를 바꾸어 울타리를 그려보자.

http://naver.me/F3rckpio

 Step 1

오브젝트 추가하기 버튼 `+` 을 클릭하여 [오브젝트 선택-배경]에서 들판(3), 그리고 를 선택하면 실행화면에 들판 배경이 나타난다.

 Step 2

`모양` 을 선택하면 그림판에 들판 배경이 나타난다. 이 때 [편집-가져오기]를 선택하고 [모양선택-동물-(원하는 동물)], 그리고 `추가하기` 을 선택한다. 여러 가지 동물 그림을 원하는 위치에 원하는 크기로 넣는다.

Step 3

[모양-파일-새 모양으로 저장]을 선택하여 실행화면의 배경을 만든다.

 Step 4

실행화면의 오브젝트를 선택하고 한 변의 길이가 40인 정오각형을 그린다.

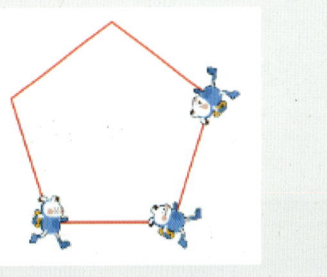

 Step 5

옆으로 20만큼씩 이동해 가며 정오각형 만들기를 적당한 횟수(23회 정도) 만큼 반복한다.

 Step 6

아래 블록을 이용하여 선의 굵기와 색을 변화시키고 프로그램을 완성한다.

새로운 블록

 생각해 보기 해답

➡ 생각해 보기 1

(1)의 프로그램은 처음 오브젝트가 화살표 방향(0도 방향)으로 100만큼 이동하도록 되어있다. 그러나 (2)의 프로그램처럼 처음 시작할 때 블록  을 추가하면 오브젝트가 먼저 방향을 바꾼 후 움직이기 때문에 정오각형이 그려지는 모양이 달라진다.

➡ 생각해 보기 2

왼편 코드는 정오각형의 한 변을 그리고 72도 회전한 후 1초씩 쉬지만 오른편 코드는 한 변을 그리고 나서 72도 회전하는데 1초가 걸린다. 그러나 결과는 같다.

➡ 생각해 보기 3

http://naver.me/FWe4QXzN

수학 개념 정리

1. 다각형의 내각 : 이웃하는 두 변이 이루는 각 중에서 도형의 안쪽에 있는 각

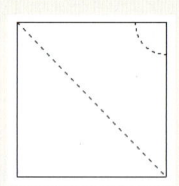 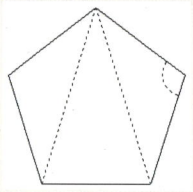 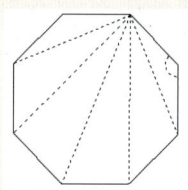

❶ 사각형은 2개의 삼각형으로, 오각형은 3개의 삼각형으로, 팔각형은 6개의 삼각형으로 나누어지고, n각형은 $(n-2)$개의 삼각형으로 나누어진다.

❷ 삼각형의 내각의 합은 180도이므로 n각형의 모든 내각의 합은 $180 \times (n-2)$도이다.

❸ 정다각형은 내각의 크기가 모두 같기 때문에 정다각형의 한 내각의 크기는 $\dfrac{180 \times (n-2)}{n}$도이다.

2. 다각형의 외각 : 1개의 변과 이웃하는 변의 연장선이 만드는 각

❶ 다각형의 모든 외각의 합은 360도이다.

❷ 한 꼭짓점에서의 내각과 외각의 합은 180도(평각)이다.

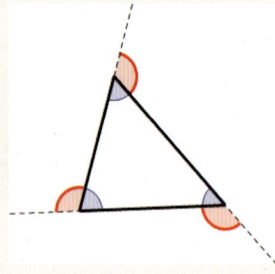 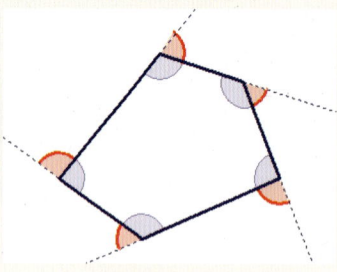

- 삼각형 : 평각 3개 $(180 \times 3) = 540°$에서 내각의 합 $(180 \times 1) = 180°$를 빼면 외각의 합은 $360°$
- 오각형 : 평각 5개 $(180 \times 5) = 900°$에서 내각의 합 $(180 \times 3) = 540°$를 빼면 외각의 합은 $360°$
- n각형 : 평각 n개 $(180 \times n)°$에서 내각의 합 $180 \times (n-2)°$를 빼면 외각의 합은 $360°$

❸ 정n각형의 한 외각의 크기는 $(360/n)$도이다.

CHAPTER 02

정다각형을 이용하여 무늬 만들기

CHAPTER 02 정다각형을 이용하여 무늬 만들기

- 수학 - 회전이동, 내각, 외각
- 코딩 - 반복, 조건을 포함한 반복, 반복을 포함한 반복, 변수

Chapter 01에서 완성한 『정다각형 그리기』 프로그램을 이용하여 다음과 같은 여러 가지 무늬를 만들어 보자.

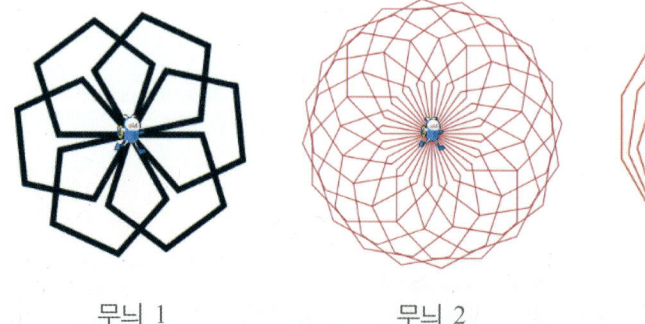

무늬 1   무늬 2   무늬 3

문제 01 정오각형 꽃잎 6개로 이루어진 꽃 그리기

앞에서 만든 『정오각형 그리기』 프로그램을 수정하여 변의 길이가 60인 정오각형 꽃잎 6개로 이루어진 무늬 1이 완성되도록 코딩해 보자.

문제 분석하기

❶ 꽃잎이 6개이므로 정오각형 꽃잎을 한 개 그린 후 다음 꽃잎을 그리기 위해서는 ( )도씩 회전해야 한다.

$$360 \div 6 = 60$$

❷ 앞장에서 작성해 보았듯이 한 변의 길이가 60인 『정오각형 그리기』 프로그램은 다음과 같다.

❸ '꽃잎 하나 그리기'와 '60도 회전하기'를 6번 반복해야 한다.

CHAPTER 2 정다각형을 이용하여 무늬 만들기

설계하기

❶ 알고리즘

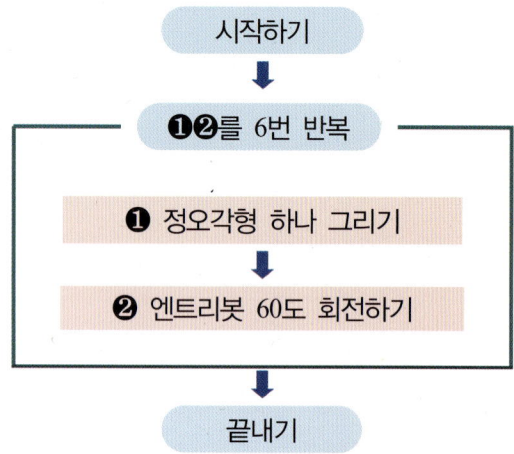

❷ 오브젝트
- 기본 오브젝트인 엔트리 봇으로 정하자.
- 오브젝트의 크기를 적당한 크기 30으로 줄인다.

블록 조립하기

❶ 한 변의 길이가 60인 정오각형을 그린다.

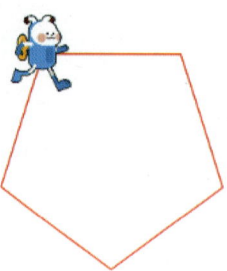

❷ 다음 정오각형을 그리기 위해서 60도를 회전한다.

 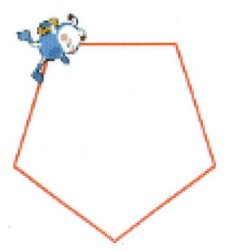

❸ 정오각형 그리고 60도 회전하기를 6번 반복한다.

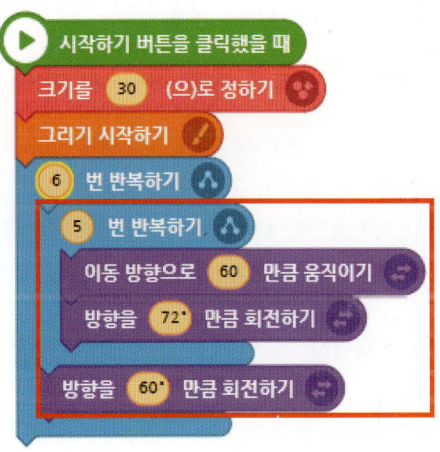

프로그램 실행결과 확인하기

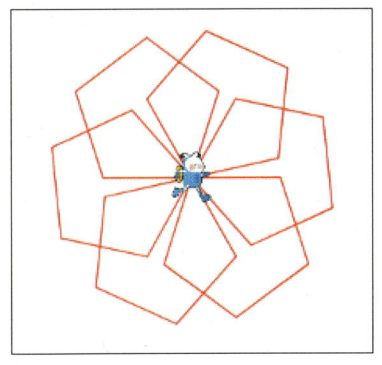

문제 02 : 꽃잎 개수와 모양이 주어질 때마다 꽃 그리기

꽃잎의 개수와 모양을 묻고 대답하면 거기에 맞는 꽃을 그리고자 한다. 따라서 꽃잎의 개수와 모양(몇 각형)은 묻고 대답할 때마다 달라질 수 있다. 이처럼 상황에 따라 변하는 수를 **변수**라고 한다. 컴퓨터 프로그래밍에서의 **변수**란 정보(자료)를 담는 그릇이라고 할 수 있다. 이 때 변수에는 한 순간에 하나의 값만을 저장할 수 있으며, 변수에 다른 값이 입력되는 순간 이전의 값은 지워진다는 사실을 꼭 기억하자. 변수이름은 저장되어있는 값을 구분하여 알려주기 위한 것으로 단어나 약자를 사용한다. 예를 들어, $n, x, radius$, 몸무게, 성적 등과 같이 쓸 수 있다.

문제 분석하기

❶ 꽃잎 개수와 꽃잎 모양이 대답에 따라 변하므로 꽃잎 개수와 꽃잎 모양을 변수로 만든다.

❷ 정오각형을 그렸다면 그 다음 정오각형을 그리기 위해 오브젝트는 $\dfrac{360}{\text{꽃잎수}}$ 도씩 회전해야 한다.

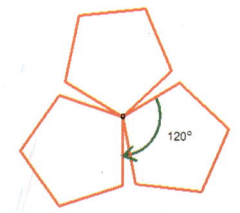 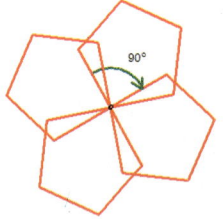 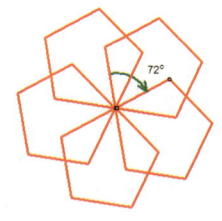

꽃잎 3개: 360/3=120도 회전   꽃잎 4개: 360/4= 90도 회전   꽃잎 5개: 360/5= 72도 회전

설계하기

❶ 알고리즘

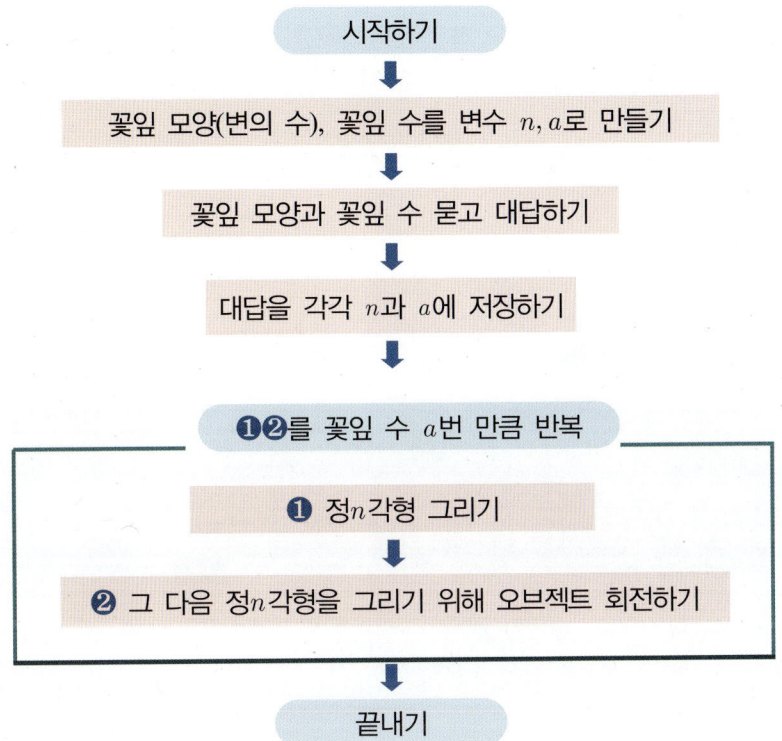

❷ 오브젝트

엔트리 봇의 크기를 30으로 정하자.

❸ 변수 만들기

정다각형의 변의 수(꽃잎모양)는 변수 n으로, 꽃잎 수는 변수 a로 정해보자.

| 기능알기 | 변수 만들기 |

- 변수를 만들기 위해서는 [자료]의 [변수 만들기] 다음에 [변수 추가하기]를 클릭하고 원하는 변수이름(예를 들어 n)을 입력한 후 확인을 누른다. 블록을 누르면 변수 n과 관련된 새로운 블록들이 만들어 지고 실행화면에는 [n 0]과 [대답 0]이 나타난다.

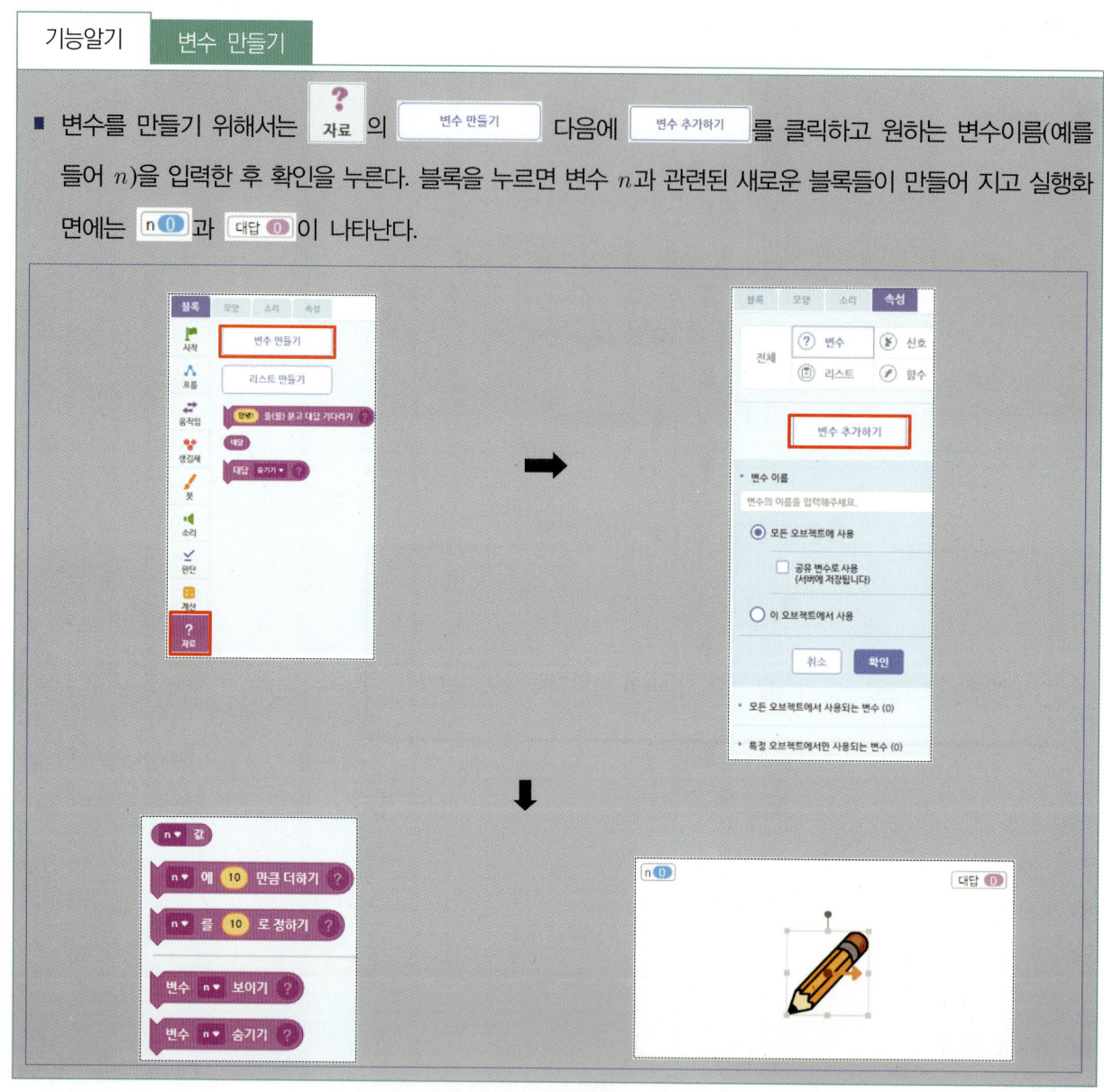

블록 조립과 실행결과 확인하기

❶ 몇 각형인지 물었을 때 대답하면 그 값은 [대답] 변수에 잠시 저장된다. [대답]을 n(변의 수)에 저장하자. n에는 대답한 수가 입력되어 있다.

> 몇각형? 을(를) 묻고 대답 기다리기
> n ▼ 를 대답 로 정하기

❷ 꽃잎 수를 묻고 대답하면 `대답` 을 a에 저장한다(이제 `대답` 의 n은 지워지고 a가 저장된다.) a에는 대답한 수가 입력되어 있다.

> 꽃잎은 몇개? 을(를) 묻고 대답 기다리기
> a ▼ 를 대답 로 정하기

❸ 한 변의 길이를 60으로 한 정n각형을 그리고 다음 꽃잎을 그리기 위해 $360/a$도 만큼 회전한다.

> n ▼ 값 번 반복하기
>   이동 방향으로 60 만큼 움직이기
>   방향을 360 / n ▼ 값 만큼 회전하기
> 방향을 360 / a ▼ 값 만큼 회전하기

❹ 이것을 꽃잎 개수 a만큼 반복한다.

> a ▼ 값 번 반복하기
>   n ▼ 값 번 반복하기
>   이동 방향으로 60 만큼 움직이기
>   방향을 360 / n ▼ 값 만큼 회전하기
>   방향을 360 / a ▼ 값 만큼 회전하기

❺ `크기를 100 (으)로 정하기` 를 이용하여 오브젝트 크기를 30으로 하고 `그리기 시작하기` 블록을 추가하여 블록조립을 차례로 완성하고 실행하면 결과는 다음과 같다.

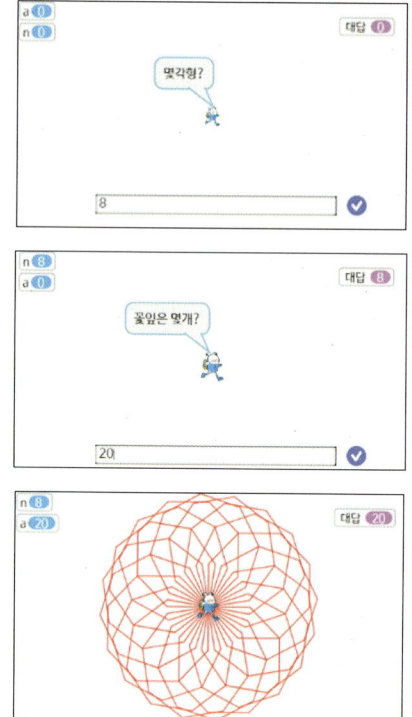

http://naver.me/GVYQeYKn

잠깐!

- 화면에 다 그릴 수 없을 경우  의 숫자(변의 길이)를 더 작은 수로 바꿔본다. "60" 대신 블록  을 넣어보자.

생각해 보기 1

앞의 프로그램에서는 몇 각형인지, 꽃잎이 몇 개인지 묻고 한 변 길이는 60으로 정하였다. 이제 한 변의 길이도 얼마로 할 것인지 묻고 대답에 따라 정다각형 꽃을 그려보자.

문제 03 · 겹 다각형 무늬 그리기

다음과 그림과 같이 정삼각형부터 정십이각형으로 이루어진 무늬를 그려보자.

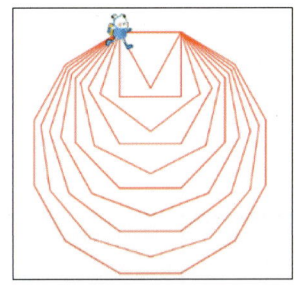

문제 분석하기

❶ 한 변의 길이가 60인 『정다각형 그리기』 프로그램을 이용하자.
❷ 모든 정다각형의 변의 길이는 같다.
❸ 정삼각형부터 차례로 변의 수를 늘려가며 정12각형까지 그려야 한다.
  또는 정12각형부터 차례로 변의 개수를 줄여가며 정3각형까지 그릴 수도 있다.
❹ 변의 수가 3, 4, 5,···, 12로 변해가므로 변의 수를 변수 n으로 만들자.
❺ 정삼각형부터 정십이각형까지 그리므로 n을 처음 3에서 시작하여 n이 12가 될 때 끝낸다.

설계하기

❶ 알고리즘

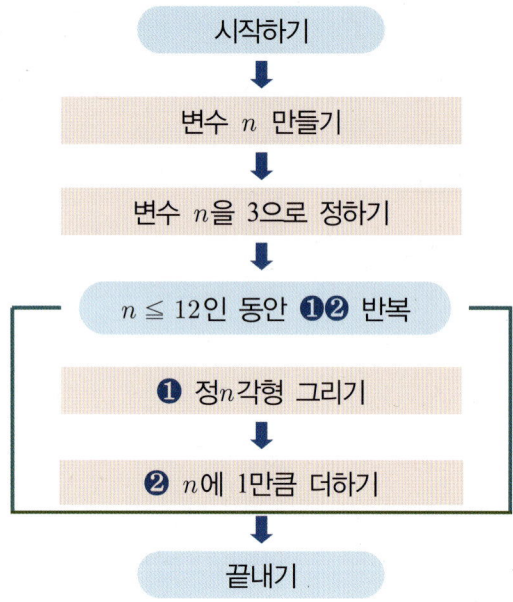

❷ 변수 만들기
- 정다각형의 변의 수를 n이라는 이름으로 변수 만들기 한다.

❸ 새로운 블록

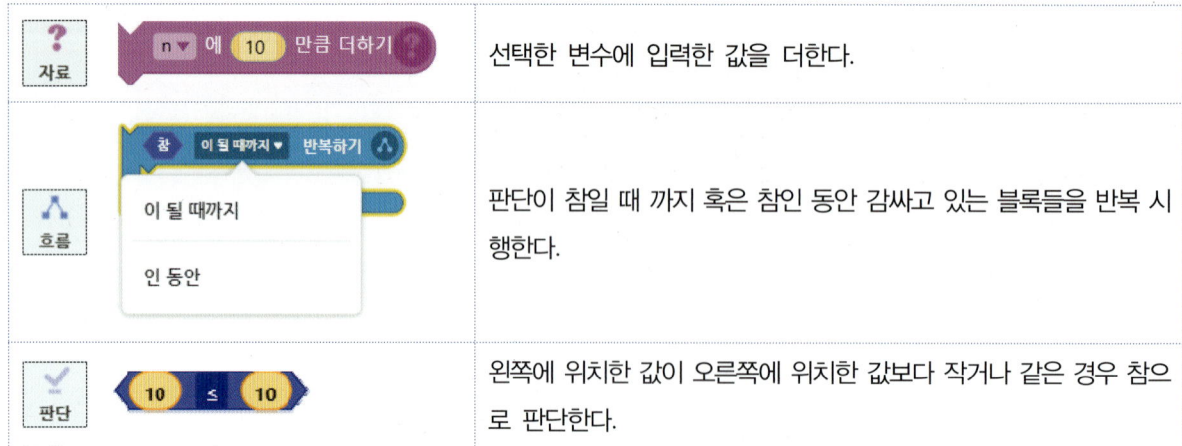

블록 조립과 프로그램 실행 결과

❶ 한 변의 길이가 60인 정n각형을 그린다.

❷ 정n각형을 그린 후 n에 1을 더하여 $(n+1)$각형을 그릴 준비를 한다.

❸ $n=3$에서 시작하여 n을 1씩 늘려 가면서 $n \leq 12$인 동안 빨간 상자 안의 블록들을 계속 반복하여 실행한다.

$n=3$에서 시작한다.

$n=3 \leq 12$이므로 정삼각형을 그리고

$n+1=4$를 준비한다

$n=4 \leq 12$이므로 정사각형을 그리고

   :

$n+1=12 \leq 12$이므로 정 12각형을 그리고

$n+1=13$을 준비한다.

$n=13 \leq 12$이 아니므로 정 12각형까지만 그리고 $n=13$에서 멈춘다.

❹ 완성된 블록은 다음과 같다.

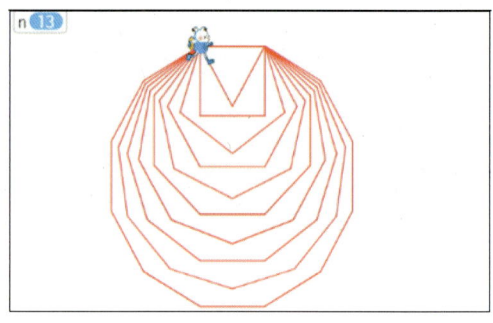

http://naver.me/5CxYmzJ5

 **생각해 보기 2**

두 블록의 차이점을 말해보자.

생각해 보기 3

정다각형들이 아래를 향하고 있다. 위를 향하도록 하려면 어떻게 해야 할까?

생각해 보기 4

왼쪽 프로그램과 오른쪽 프로그램은 `n에 1만큼 더하기` 의 위치가 다르다. 왼쪽과 같은 결과를 갖도록 오른쪽 프로그램을 완성해 보자.

더 나아가기 1   겹다각형 그리기 코드를 변경하여 다른 무늬 만들기   entry

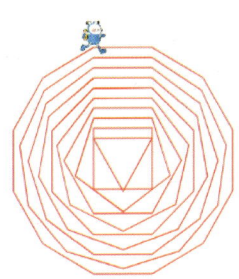

CHAPTER 2 정다각형을 이용하여 무늬 만들기

정 삼각형부터 그리기 시작하자.

Step 1

정다각형의 변의 수를 나타내는 변수를 n이라고 하자.

Step 2

한 변 길이가 50인 정n각형을 그린다.

Step 3

정다각형 그리기를 멈추고 -90도 회전하여 10만큼 이동한 후 다시 90도 회전하고 그 다음 정다각형을 그리기 위해서 n에 1만큼 더한다.

Step 4

이러한 과정을 n이 3일 때부터 12일 때까지 반복하는 코드는 다음과 같다.

```
시작하기 버튼을 클릭했을 때
크기를 30 (으)로 정하기
그리기 시작하기
n▼ 를 3 로 정하기
(n▼ 값) ≤ 12 인 동안▼ 반복하기
    그리기 시작하기
    (n▼ 값) 번 반복하기
        이동 방향으로 60 만큼 움직이기
        방향을 360 / (n▼ 값) 만큼 회전하기
    그리기 멈추기
    방향을 -90° 만큼 회전하기
    이동 방향으로 10 만큼 움직이기
    방향을 90° 만큼 회전하기
    n▼ 에 1 만큼 더하기
```

http://naver.me/GksAEclW

 하늘을 배경으로 한 변의 길이가 100인 정삼각형 날개가 3개인 바람개비를 만들어 돌려보자.

 **Step 1**

120도 간격으로 정삼각형 날개 3개를 그린다.

 Step 2

돌아가는 움직임은 3장의 날개가 그려졌다 지워지고 약간 다시 회전한 다음 지워졌다 다시 그려지는 과정을 계속 반복하면 된다.

 Step 3

배경은 실행화면 아래 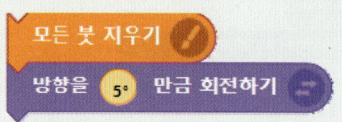 에서 [배경-구름세상]을 선택하고 추가하기 를 클릭한다. 같은 방법으로 바람개비 중심은 [식물-들꽃(연보라)]를, 바람개비 막대는 [물건-쇠자]를 선택한 후 추가하기 를 클릭한다. 선택된 오브젝트들은 적당한 곳에 위치시킨다.

Step 4

붓의 굵기를 5로 정하고 엔트리봇은 나타나지 않도록 숨기고 시작하자.

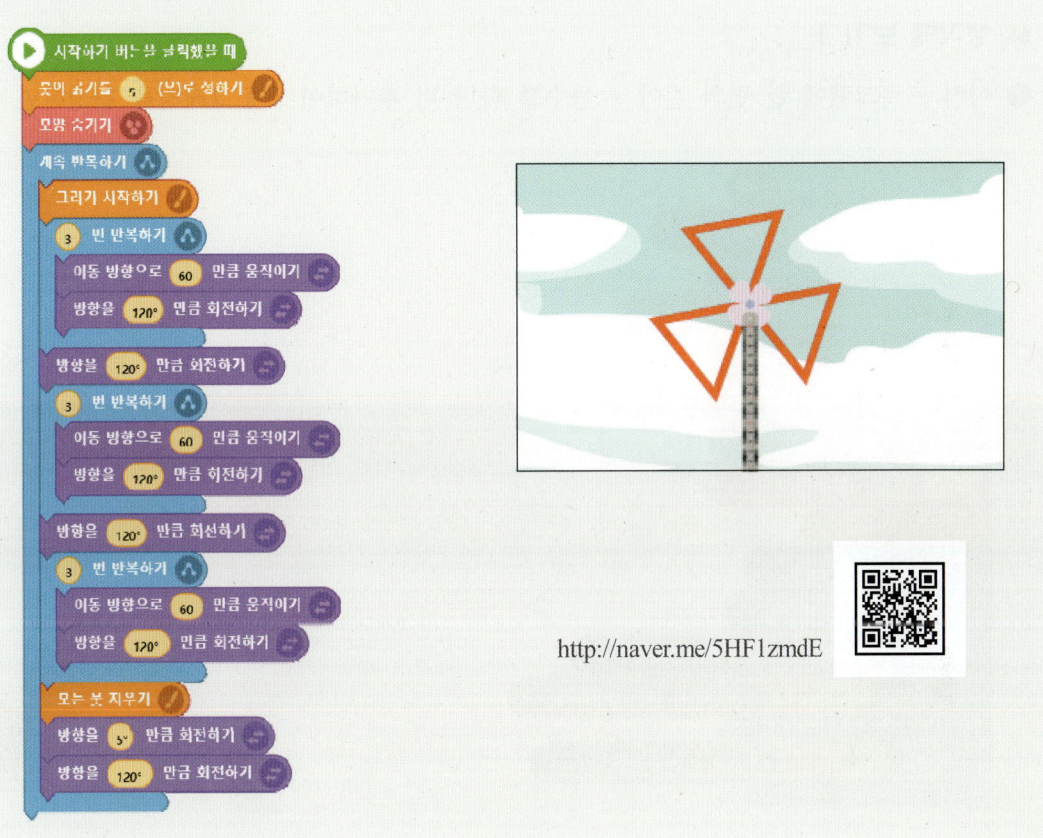

http://naver.me/5HF1zmdE

생각해 보기 해답

▶ 생각해 보기 1

❶ 이전 프로그램에 한 변의 길이 s 변수를 하나 더 추가하여 프로그래밍을 완성하면 다음과 같다.

http://naver.me/GaYSFQmd

▶ 생각해 보기 2

왼쪽 프로그램은 위와 같이 정삼각형부터 정12각형까지 그리지만 오른쪽 프로그램의 경우 정삼각형부터 정11각형까지만 그려진다. 즉, 왼편 프로그램의 경우 $n=3$에서 시작하여 n에 1을 더해가다 12이하인 동안은 그리기를 반복하지만, 오른편 프로그램의 경우 $n=3$에서 시작하여 n에 1을 더해서 12가 되는 순간 그 자리에서 실행을 중단하므로 $n=3$에서 $n=11$까지만 그려진다.

▶ 생각해 보기 3

(1) 엔트리에서는 수학에서와 다르게 시계방향이 양의 각이다. 따라서 엔트리봇의 방향이 오른쪽을 향하고 있는 상태에서 정삼각형, 정사각형, 정오각형.. 모두 오른 쪽으로 60만큼 이동하여 한 변을

그린 후 외각120도, 90도, 72도...만큼 회전하여 다시 변을 그리면 앞에서와 같이 도형이 모두 오브젝트보다 아래쪽을 향하고 있다.

(2) 도형을 모두 엔트리 오브젝트 위 쪽에 그리려면 정삼각형의 경우 시계반대방향으로 120도(-120도), 정사각형의 경우 시계반대방향으로 90도(-90도), 정오각형의 경우 시계반대방향으로 72도(-72도),... 만큼 회전하여 변을 그려야 한다.

(3) 따라서 [방향을 360 / n▼ 값 만큼 회전하기] 블록을 [방향을 -360 / n▼ 값 만큼 회전하기] 블록으로 수정하면 된다.

프로그래밍 결과 확인하기

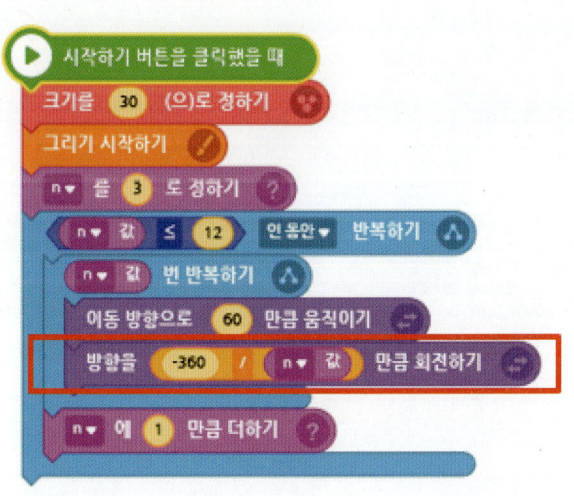

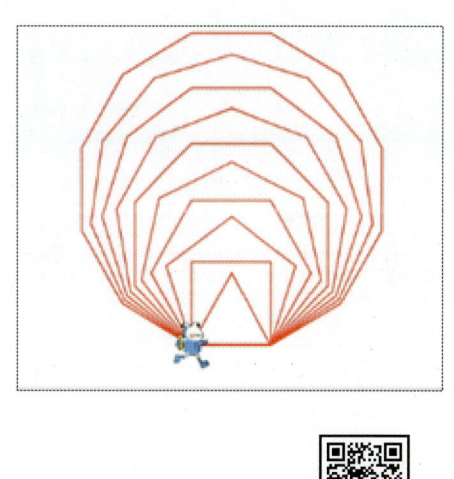

http://naver.me/FkAYkmzH

▶ 생각해 보기 4

좌측은 n을 3으로 정하고 삼각형부터 그리기 시작한지만 우측은 정해진 값에 1을 정하고 그리기 시작하므로 정사각형부터 그리게 된다. 따라서 정삼각형부터 그리려면 n을 2로 정해야 한다. 그리고 정12각형까지 그리기 위해서는 11이하일 때까지 그리도록 해야한다. 그러면 1을 더해서 정12각형까지 그리게 된다. 따라서 동그라미 안의 수는 2, 11이다.

CHAPTER 03

원 그리기

CHAPTER 03 원 그리기

- 수학 - 원 호의 길이, 정다각형의 내각과 외각, 원의 방정식, 원의 매개 방정식, 좌표, 회전이동의 중심
- 코딩 - 반복, 조건을 포함한 반복, 함수, 변수

원이란 한 점(중심)으로부터 거리가 같은 점들의 모임이다. 여러 가지 방법으로 원 그리기를 프로그래밍 해 보자.

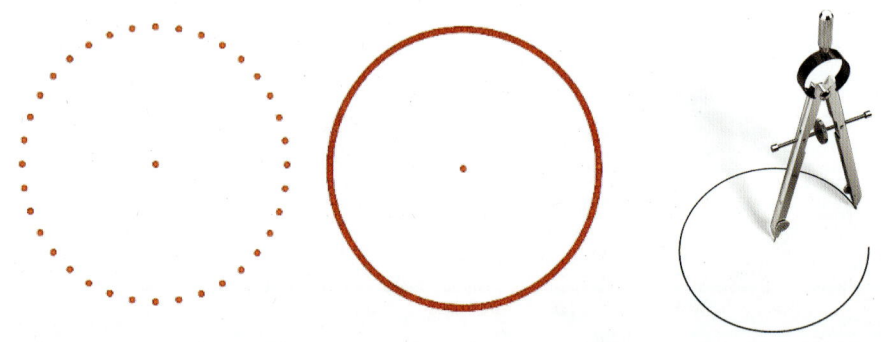

문제 01 도장찍기로 원 그리기

문제 분석하기

❶ 오브젝트로부터 중심을 끌어내어 원하는 위치(원의 중심)에 놓는다.
❷ '회전하기'블록을 실행하면 오브젝트의 중심을 회전의 중심으로 하여 회전한다.
❸ 오브젝트가 '회전하기'와 '도장찍기'를 반복하면서 원을 그린다.
❹ 한 바퀴 돌아서 제자리로 돌아와야 하기 때문에 반복 횟수와 회전각도의 곱은 360도가 되어야한다.
❺ 회전 각도가 작아지면 반복 횟수가 많아지고 도장을 찍는 횟수가 많아지므로 점들이 더욱 촘촘하게 찍어진다.

설계하기

❶ **알고리즘**

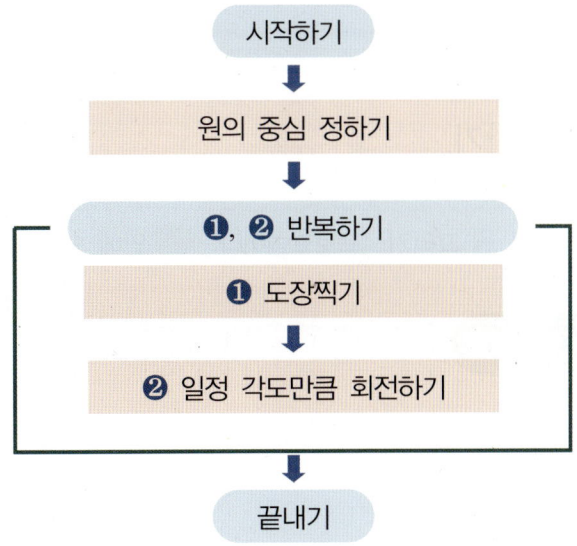

❷ **오브젝트**

- ☒ 을 클릭하여 기본 오브젝트 엔트리봇을 제거하고 실행화면 아래 오브젝트를 추가하는 ➕ 를 클릭한 후[엔트리봇 선택-인터페이스]의 '동그란 버튼'을 선택한다. 또는 ➕ 를 클릭한 후 검색 창에 '동그란 버튼'을 입력하여 검색할 수도 있다.

- 마우스로 끌어 오브젝트를 원 그리기를 시작할 지점으로 이동한다.
- 마우스로 오브젝트의 사각형 모서리를 끌어 크기를 줄인다.
- 오브젝트의 중심을 마우스로 끌어서 분리한다.

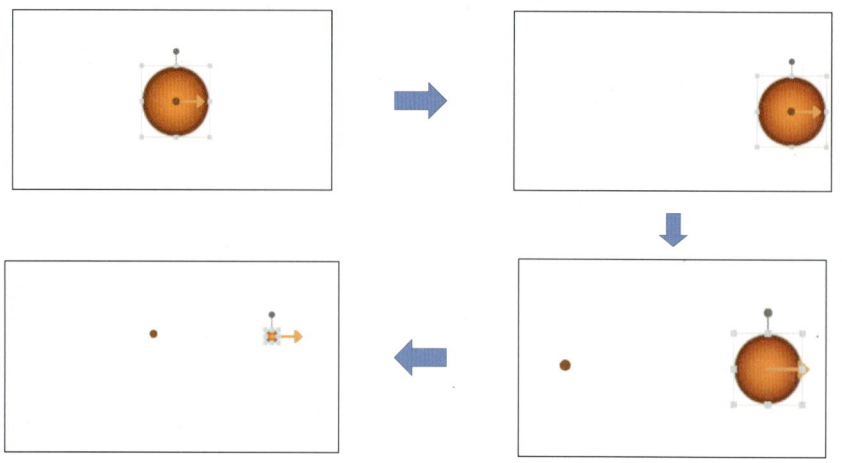

❸ 새로운 블록

오브젝트의 모양을 도장처럼 실행화면 위에 찍는다.

블록 조립과 실행 결과 확인하기

❶ 다음 두 블록 모둠은 『도장찍기로 원 그리기』 프로그램이다. ⬭ 안에 숫자를 넣어보자.

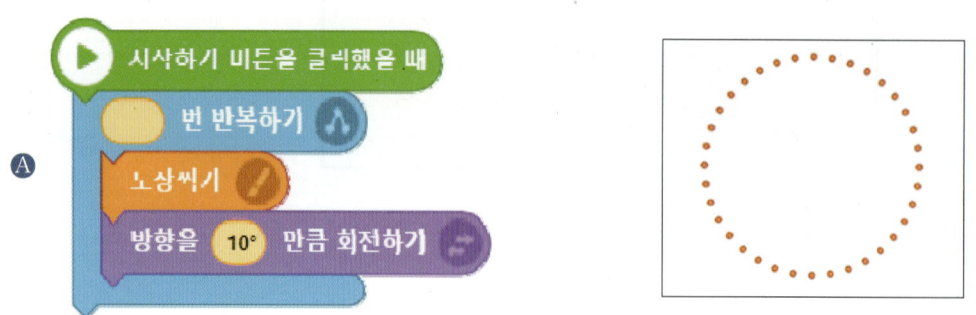

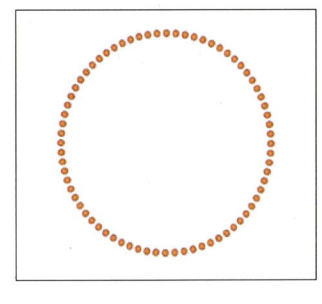

Ⓐ 36 Ⓑ 72

잠깐!

- 이 방법으로 원을 그릴 때의 장단점은 원 모양을 쉽게 그릴 수는 있으나 대략 중심을 끌어 반지름을 정했기 때문에 정확한 반지름을 갖는 원을 그릴 수 없다는 것이다.

더 나아가기 1 도장찍기로 반지름이 정해진 원 그리기

원이란 한 점(중심)으로부터 거리가 일정한 점들의 모임이다. 따라서 중심으로부터 반지름만큼 떨어진 위치에 점을 찍으면 그러한 점들이 모여 원을 이룬다. 반지름이 100인 원을 그려보자.

❶ 알고리즘

- 원의 중심을 정한다.
- 원의 중심에서 100(반지름)만큼 이동한 곳에 점을 찍는다.
- 다시 중심으로 돌아온다.
- 다음 점을 찍기 위해 일정한 각 θ 만큼 돈다
- 다시 위 과정을 (360/θ)회 반복한다.

❷ 오브젝트

실행화면 아래의  를 클릭한 후 검색 창에 '동그란 버튼'을 입력하고 검색하면 동그란 버튼이 나온다. 확인을 누른 후 추가하기 를 선택하여 오브젝트를 동그란 버튼으로 바꾼다.

❸ 새로운 블록

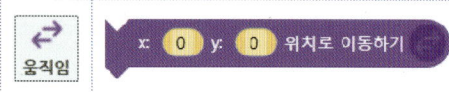 입력한 x와 y 좌표로 오브젝트의 중심점이 이동한다.

블록 조립과 실행 결과 확인하기

 Step 1

엔트리 봇을 원의 중심 (0,0)으로 이동시킨다.

 Step 2

중심을 (0,0)에 정한 후 반지름 100만큼 이동해서 도장을 찍은 후 중심으로 돌아와서 10도 회전하기를 36번 반복하면 36개의 점이 찍혀 원 모양을 나타내게 된다.

36개의 점을 찍어 원 그리기

Step 3

완성된 프로그램과 실행 결과는 다음과 같다. 오브젝트의 크기는 3으로 정하였다.

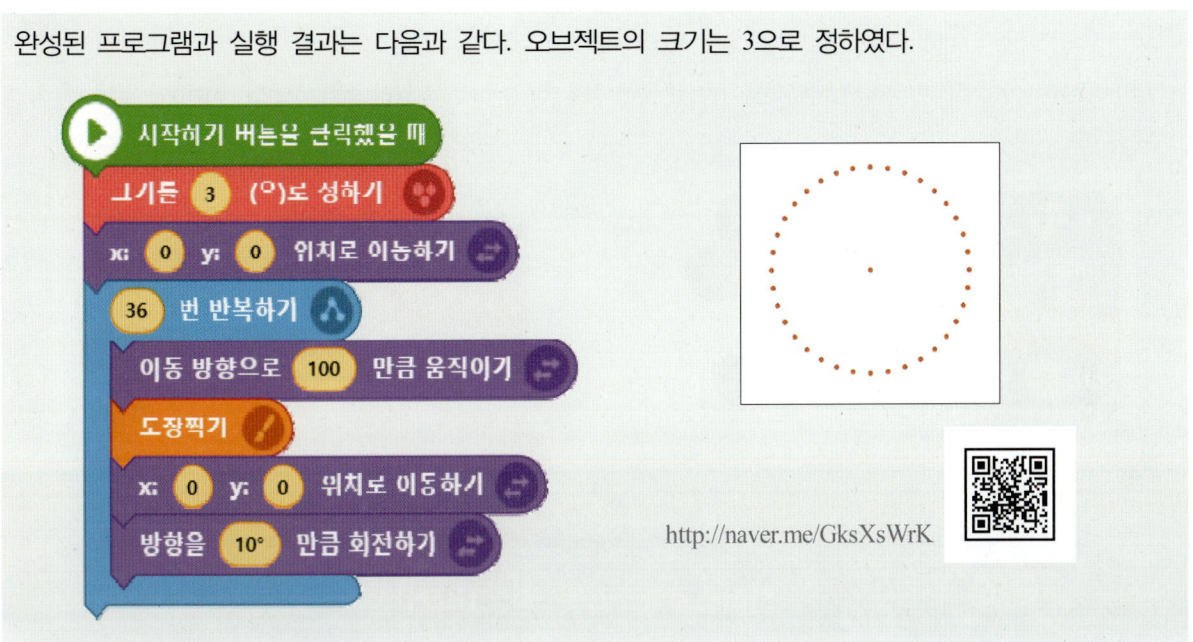

http://naver.me/GksXsWrK

생각해 보기 1

두 프로그램이 같은 크기의 원 그리기가 되도록 ⬭ 에 값을 넣고 결과를 비교해 보자.

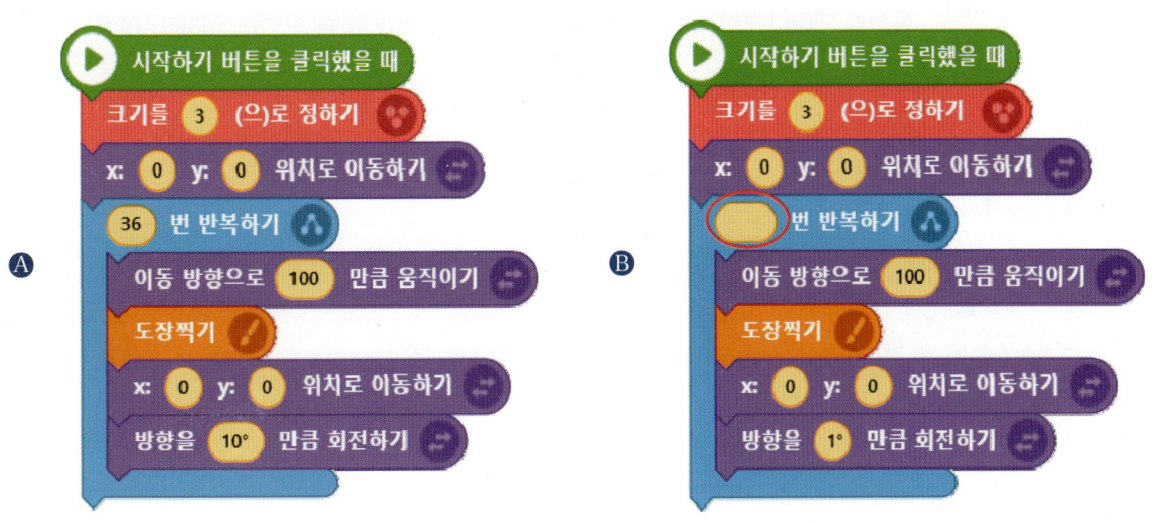

CHAPTER 3 원 그리기

 잠깐!

- 이 방법으로 원을 그리면 원의 중심이 명확하고 정확한 반지름을 갖는 원을 그릴 수 있다.
- 원의 중심(0,0)에서 일정한 거리(반지름)만큼 떨어진 곳에 점을 찍은 후 다시 원의 중심(0,0)으로 이동하는 다음 두 방법의 결과는 같다.

 · 문제 · 02 컴퍼스로 그리듯 원 그리기

문제 분석하기

❶ 『정다각형 그리기』 프로그램에서 정다각형의 크기를 결정하는 것은 이동거리(한 변의 길이)이다. 정다각형을 그릴 때 이동거리(변의 길이)가 길면 커다란 정다각형이 그려진다.

❷ 외각을 $1°=\dfrac{360}{360}°$ 회전할 때마다 변의 길이를 1씩 움직이도록 하면 원처럼 보이는 정360각형이 그려진다.

 잠깐!

- 컴퓨터는 유한번의 과정을 반복한다. 따라서 원도 유한개의 점으로 이루어져 있다. 다만 연결되어 원처럼 보일 뿐이다.
- 정360각형 그리기로 원을 그린 경우 정360각형의 중심에서 꼭짓점에 이르는 거리를 원의 반지름이라고 할 수 있다.
- 그러나 이와 같은 정360각형 그리기에서는 반지름의 길이를 곧 바로 알기가 어렵다.

블록 조립하기와 프로그램 실행 결과 확인하기

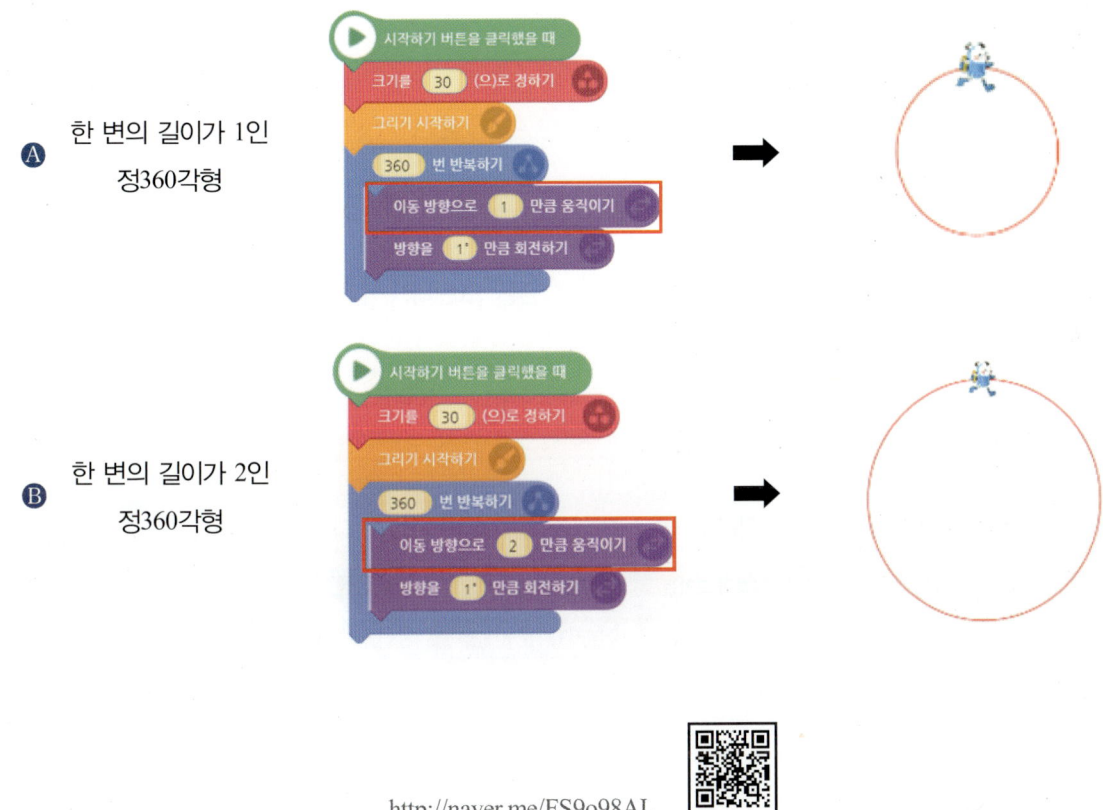

Ⓐ 한 변의 길이가 1인 정360각형

Ⓑ 한 변의 길이가 2인 정360각형

http://naver.me/FS9o98AL

더 나아가기 2 | 컴퍼스로 그리듯 반지름 r이 주어진 원 그리기 1

반지름이 r인 원을 컴퍼스로 그리듯 그려보자.

문제 분석하기

❶ 반지름이 r인 원의 둘레길이는 $2 \times 3.14 \times$ (반지름)이다(π를 입력할 수 없으므로 π 대신 3.14를 쓰기로 한다.).

❷ 반지름이 r인 원에서 중심각 1도에 대한 호의 길이는 $\dfrac{2 \times 3.14 \times (반지름)}{360}$ 이다.

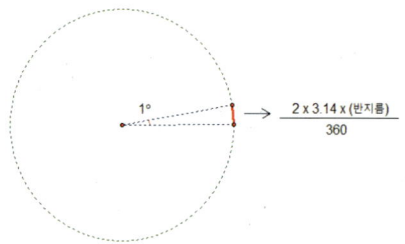

❸ 1도 회전할 때마다 $\dfrac{2 \times 3.14 \times (반지름)}{360}$ 씩 이동하여 원을 그린다.

 Step 1

'반지름'이라는 변수를 만든 다음 반지름을 묻고 대답을 반지름에 저장한다.

 Step 2

원 위의 한 점에서 $\dfrac{2 \times 3.14 \times (반지름)}{360}$ 만큼 이동하고 1도 회전하기를 360번 반복한다.

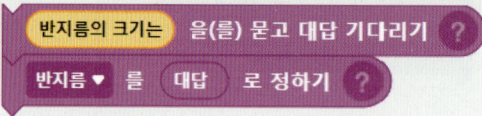

 **Step 3**

오브젝트 크기를 30으로 정하고 붓의 굵기는 2로 정한 후 그리기 시작한다.

```
시작하기 버튼을 클릭했을 때
크기를 30 (으)로 정하기
반지름의 크기는 을(를) 묻고 대답 기다리기
반지름▼ 를 대답 로 정하기
붓의 굵기를 2 (으)로 정하기
그리기 시작하기
360 번 반복하기
    이동 방향으로 ( 2 x 3.14 ) x 반지름▼ 값 / 360 만큼 움직이기
    방향을 1° 만큼 회전하기
```

http://naver.me/xzVJVXju

 **생각해 보기 2**

이제 다른 방법으로 반지름 r이 주어진 원을 그려보자. 위의 원 그리기 프로그램을 보면 실제로는 정360각형을 그린 것이다.

(1) 정360각형에서 중심에서 꼭짓점까지 거리가 r이면 선분 AB의 길이 (이동거리)는 얼마일까?

(2) 위의 『원 그리기』 프로그램에서 이동거리 $\dfrac{2 \times 3.14 \times (반지름)}{360}$ 를 선분 AB로 수정하여 실행해 보자.

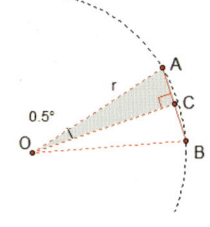

문제 03. 원의 직교방정식을 이용한 원 그리기

반지름이 100이고 중심이 (0,0)인 원의 방정식 $x^2 + y^2 = 100^2$ 을 이용하여 원을 그려보자.

문제 분석하기

❶ 원의 중심 좌표는 $(0,0)$이다.
❷ x값에 따라 변하는 y값은 $y_1 = \sqrt{100^2 - x^2}$, $y_2 = -\sqrt{100^2 - x^2}$ 이다.
❸ x값의 범위는 $-100 \leq x \leq 100$ 이다.

설계하기

❶ 알고리즘

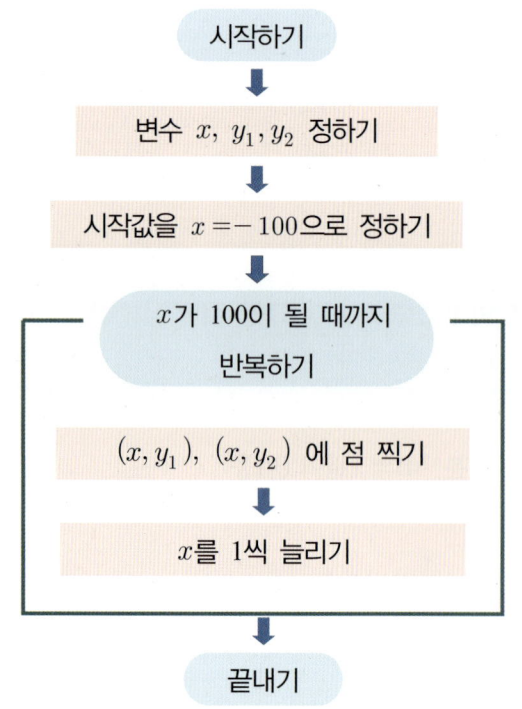
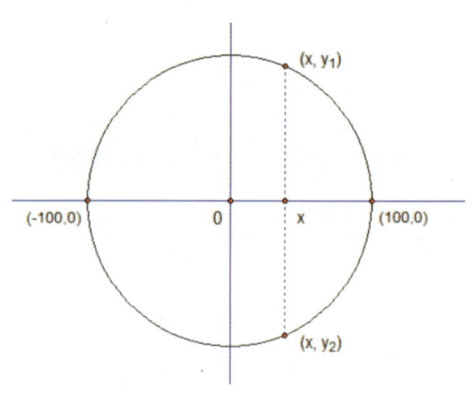

❷ 오브젝트

실행화면 아래의 [+]를 클릭한 후 검색 창에 '동그란 버튼'을 입력하여 오브젝트를 '동그란 버튼'으로 바꾼다.

❸ 새로운 블록

계산	10 의 제곱▼	입력한 수에 대한 제곱의 계산값입니다
계산	10 의 루트▼	입력한 수에 대한 루트의 계산값입니다

블록 조립하기

❶ 변수 x, y_1, y_2를 만든다.

❷ x의 시작값을 -100으로 정한다.

    [x▼ 를 -100 로 정하기]

❸ $y_1 = \sqrt{100^2 - x^2}$, $y_2 = -\sqrt{100^2 - x^2}$ 라고 정한다.

    [y1▼ 를 (100 의 제곱▼ - (x▼ 값 의 제곱▼) 의 루트▼) 로 정하기]
    [y2▼ 를 (-1 x (100 의 제곱▼ - (x▼ 값 의 제곱▼) 의 루트▼)) 로 정하기]

❹ (x, y_1), (x, y_2)으로 이동하여 각각 점을 찍은 후 x값을 1 늘린다.

    [y1▼ 를 (100 의 제곱▼ - (x▼ 값 의 제곱▼) 의 루트▼) 로 정하기]
    [y2▼ 를 (-1 x (100 의 제곱▼ - (x▼ 값 의 제곱▼) 의 루트▼)) 로 정하기]
    [x: x▼ 값 y: y1▼ 값 위치로 이동하기]
    [도장찍기]
    [x: x▼ 값 y: y2▼ 값 위치로 이동하기]
    [도장찍기]
    [x▼ 에 1 만큼 더하기]

❺ 이와 같은 과정을 $x=-100$에서 시작하여 $x=100$일 때 까지 반복한다.

❻ 오브젝트의 크기를 3으로 정하고 블록 조립을 완성한 후 실행한 결과는 다음과 같다.

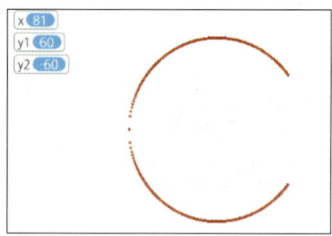
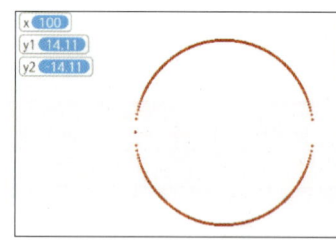

http://naver.me/xdAzIpjI

- 이 프로그래밍의 실행 과정을 살펴보면 x값에 따라 (x, y_1), (x, y_2) 점이 동시에 찍히고 있음을 알 수 있다.

 **생각해 보기 3**

위의 프로그램에 의하면 Ⓐ와 같이 원이 그려진다. Ⓑ처럼 그리려면 프로그램을 어떻게 수정해야할 까?

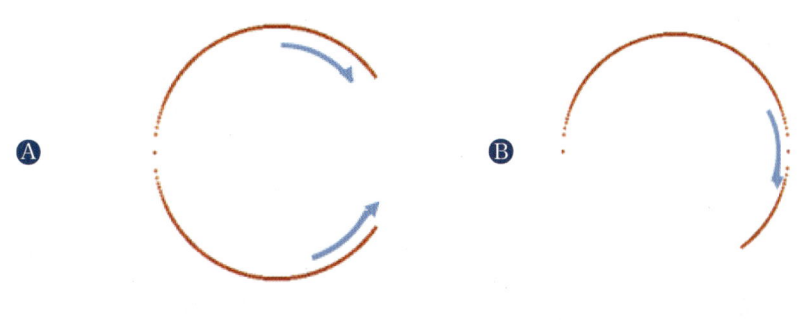

http://naver.me/G9EakcQv

 · 문제 · **04 원의 매개방정식을 이용한 원 그리기**

원의 매개방정식은 $x = r\cos\theta$, $y = r\sin\theta$, $0 \leq \theta \leq 360$도 이다. 이것을 이용하여 원을 그려보자.

❶ 오브젝트를 동그란 버튼으로 선택하자.

❷ 변수 '반지름'과 변수 '세타'를 만들자.

❸ 반지름이 얼마인 원을 그릴지 묻고 대답한 것을 반지름 변수에 저장한다.

```
반지름은? 을(를) 묻고 대답 기다리기
반지름 ▼ 를 대답 로 정하기
```

❹ 점 $(r\cos\theta, r\sin\theta)$에 도장찍기를 한 다음 세타를 1만큼 늘리는 것을 [세타▼ 값 = 360] 일 때까지 계속 반복한다. 이 때 세타는 0부터 시작한다.

❺ 오브젝트의 크기를 3으로 정한 후 블록조립을 완성하면 다음과 같다.

http://naver.me/GDeHhtKb

생각해 보기 해답

▶ **생각해 보기 1**

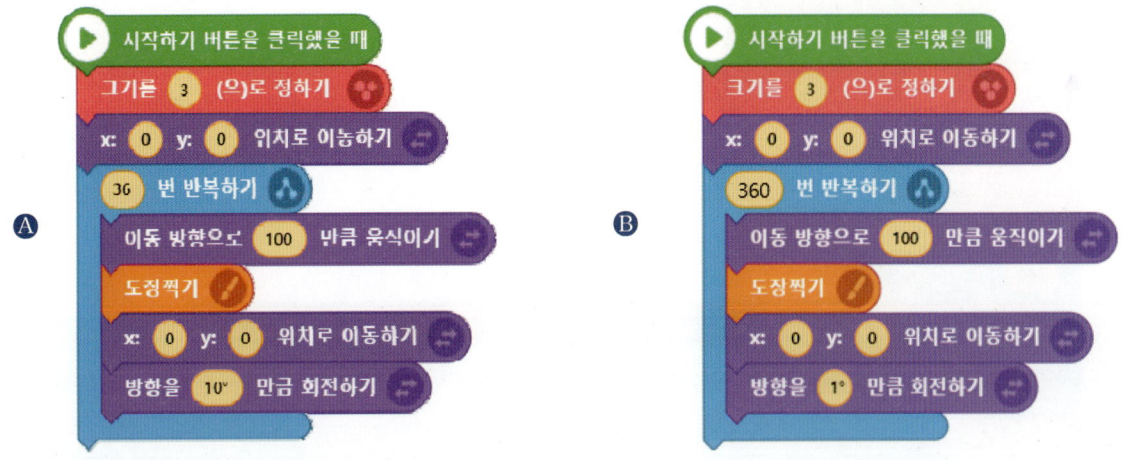

두 프로그램 실행 결과 확인하기

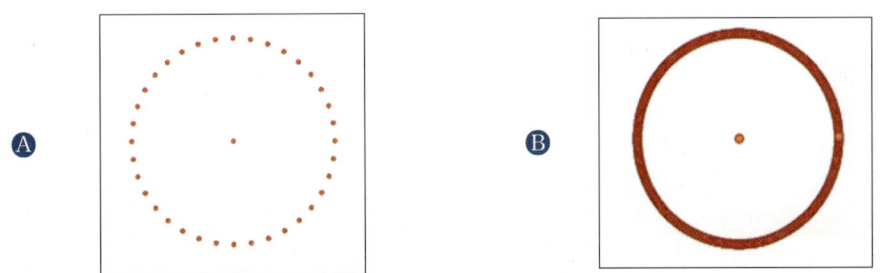

▶ **생각해 보기 2**

(1) 한 변 AB의 길이가 a인 정360각형에서 반직선 OC가 선분 AB의 수직이 등분선이면 $\angle AOC = 0.5°$ 도이고 삼각형 OCA는 직각삼각형이므로 $\dfrac{AC}{r} = \sin 0.5°$ 이다. 따라서 반지름이 r인 정360각형의 한 변 AB의 길이는 $AB = 2 \times AC = 2 \times r \sin 0.5°$ 이다.

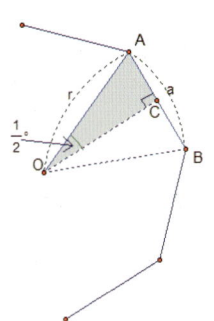

CHAPTER 3 원 그리기

(2) 완성된 프로그램은 다음과 같으며 이동방향으로 $\dfrac{2 \times 3.14 \times (반지름)}{360}$ 만큼 움직인 경우와 결과는 같아 보인다.

http://naver.me/5YJE3uVO

잠깐!

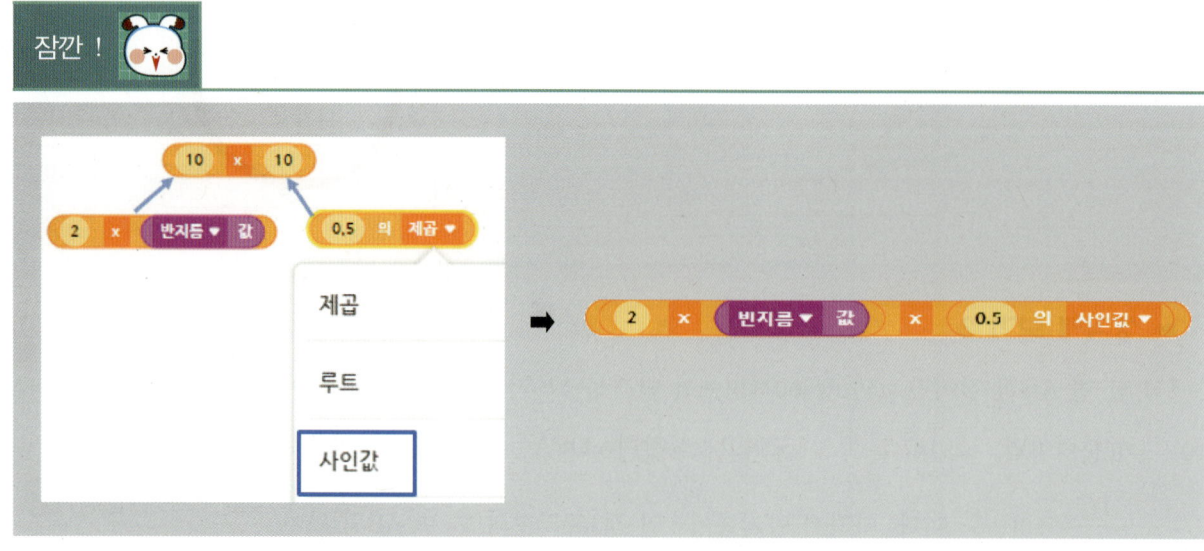

➡ 생각해 보기 3

x가 -100에서 시작하여 1씩 더해가며 100까지 변하는 동안은 $(x, \sqrt{100^2 - x^2})$에 점을 반복적으로 찍어 상반원을 그리고 다시 x가 100에서 시작하여 −1씩 더해가며 −100까지 변하는 동안은 $(x, -\sqrt{100^2 - x^2})$에 점을 반복적으로 찍어 하반원을 그린다.

수정된 프로그램

http://naver.me/FdjkmBjO

수학 개념 정리

원이란?

❶ **원의 정의** : 원이란 한 점(중심)으로부터 거리가 일정한 점들의 모임이다.

❷ **원의 직교 좌표 방정식** : 중심이 $(0,0)$ 이고 반지름이 r인 원의 방정식은
$$x^2 + y^2 = r^2$$

❸ **원의 매개 방정식** : 중심이 $(0,0)$ 이고 반지름이 r인 원의 매개 방정식은
$$x = r\cos\theta,\ y = r\sin\theta,\quad 0 \leq \theta \leq 360$$

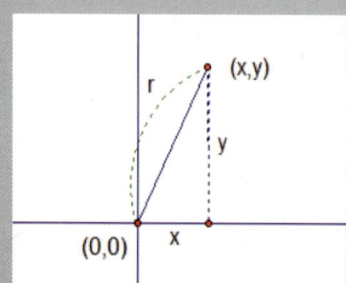 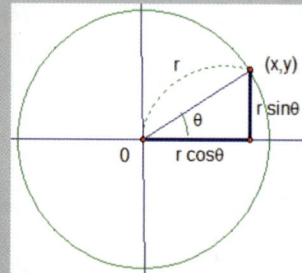

CHAPTER 04

올림픽 오륜기 그리기

CHAPTER 04 올림픽 오륜기 그리기

- 수학 - 원, 원 호의 길이, 좌표
- 코딩 - 순차, 반복, 함수, 변수, 변수를 갖는 함수

오륜기는 근대 올림픽의 창시자 피에르 쿠베르탱이 창안하여 1914년 국제올림픽위원회(IOC) 창립 20주년 기념식에서 처음으로 선보였다. 오륜마크는 올림픽 정신으로 하나가 된 유럽, 아시아, 아프리카, 오세아니라, 아메리카 5개 대륙을 상징한다. 아래 오륜기를 그려보자.

도장 찍기를 이용하여 『원 그리기』 프로그램을 완성하였다. 이제 이것을 이용하여 오륜기를 그려보자.

문제 분석하기

❶ 원의 반지름은 40으로 하자.

❷ 중심을 이동해 가며 도장찍기를 이용하여 오륜기를 그린다.

❸ 원들 사이의 거리는 20으로 한다.

❹ 그러면 중심의 좌표는 아래 그림에서와 같다.

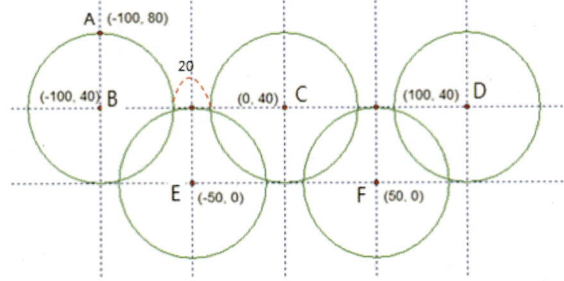

- 실행화면은 좌표를 가지고 있다는 것을 상기하자. 가장 중앙의 좌표값을 $x=0, y=0$으로 하여 x축 방향으로 $-240 \sim 240$, y축 방향으로 $-135 \sim 135$로 이루어져 있다.

설계하기

❶ 알고리즘

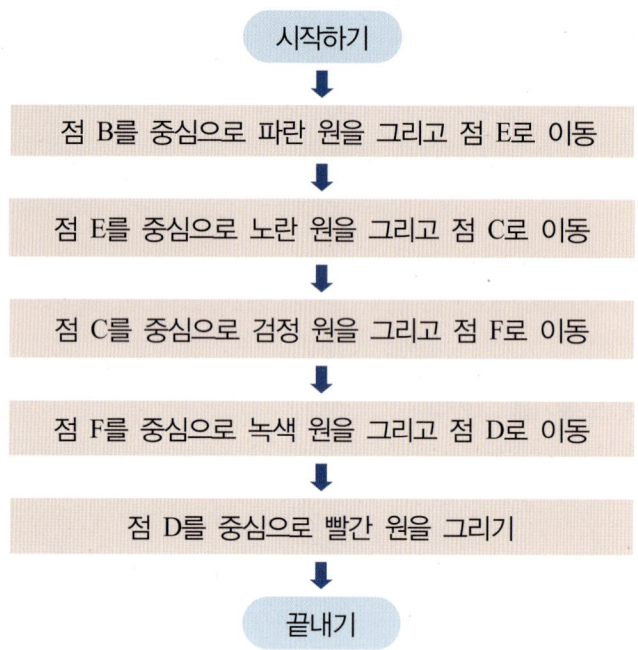

❷ 오브젝트

도장찍기는 오브젝트 모양이 그대로 찍히므로 점을 찍을 수 있는 '동그란 버튼' 오브젝트를 선택하자.

❸ 새로운 블록

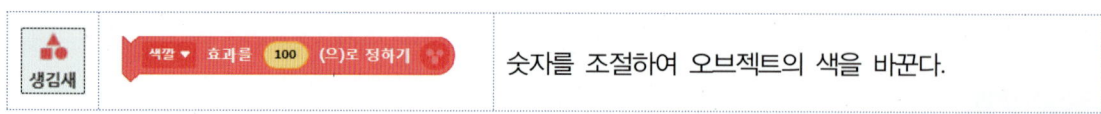

숫자를 조절하여 오브젝트의 색을 바꾼다.

블록 조립하기

다음은 순차 처리로 5개의 원을 그린 프로그램과 함수를 이용하여 5개의 원을 그린 프로그램이다.

❶ 오브젝트를 첫 번째 원의 중심이 될 $B(-100, 40)$으로 이동시키고 도장찍기를 이용하여 반지름이 40인 원을 그린다. 색깔 효과는 적당한 수를 넣어 변경해 본다.

❷ 두 번째 원을 그리기 위해 오브젝트를 중심 $E(-50, 0)$으로 이동시키고 반지름이 40인 원을 그린다.

❸ 이와 같은 방법으로 중심이 $C(0, 40)$, $F(50, 0)$, $D(100, 40)$이고 반지름이 40인 똑같은 원을 세 개 더 그려서 서로 연결한다. 그러나 이와 같은 순차처리 프로그램의 길이는 너무 길다. 코딩 길이를 짧게 하기 위해서 반복적으로 그려야하는 똑 같은 원을 함수블록 원그리기 으로 만들어 이용할 수 있다.

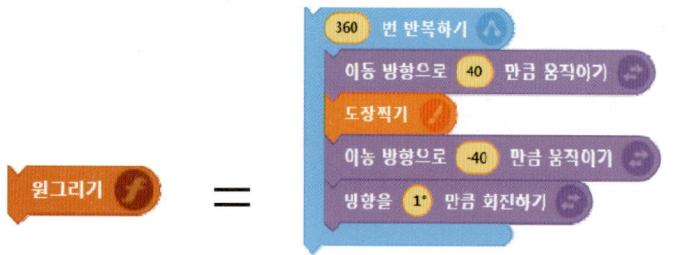

기능알기 | 함수 블록 만들기

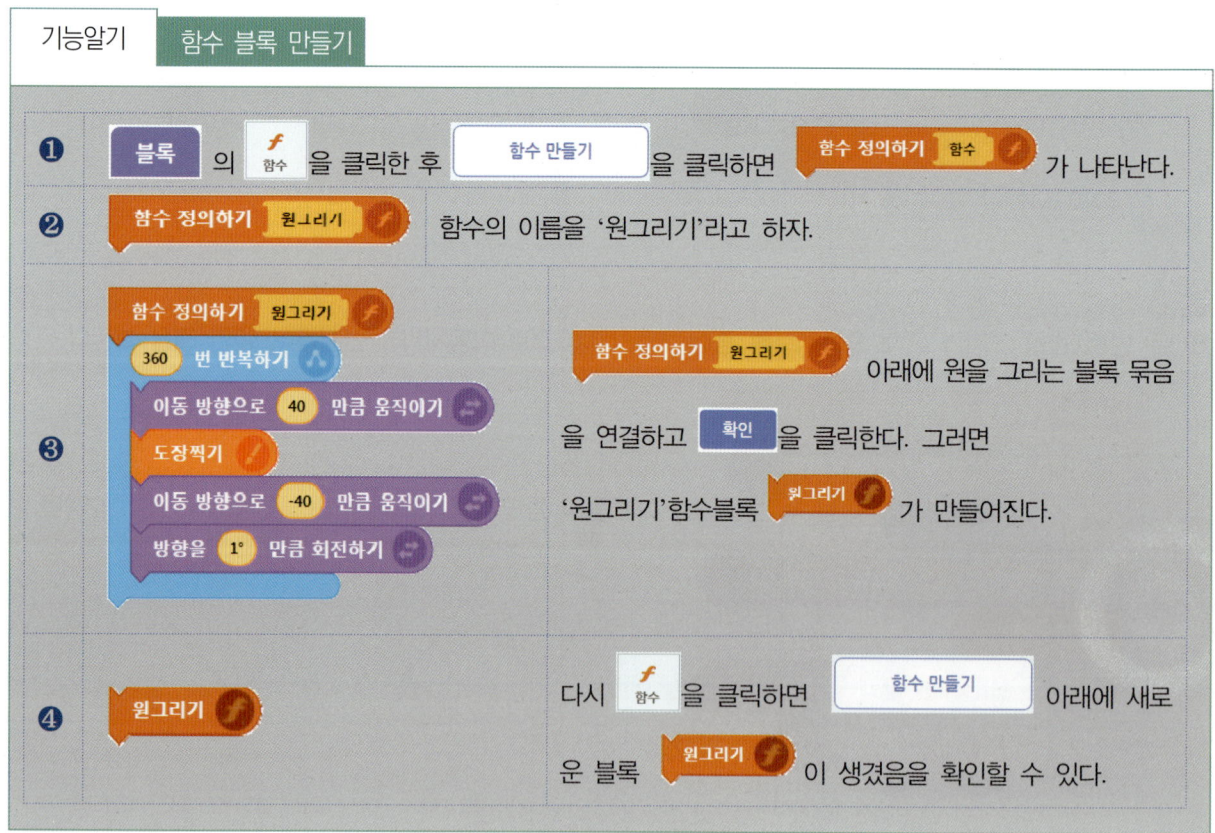

❹ 완성된 두 블록 모둠, 즉, 순차처리 프로그램과 함수를 이용한 프로그램은 다음과 같다.

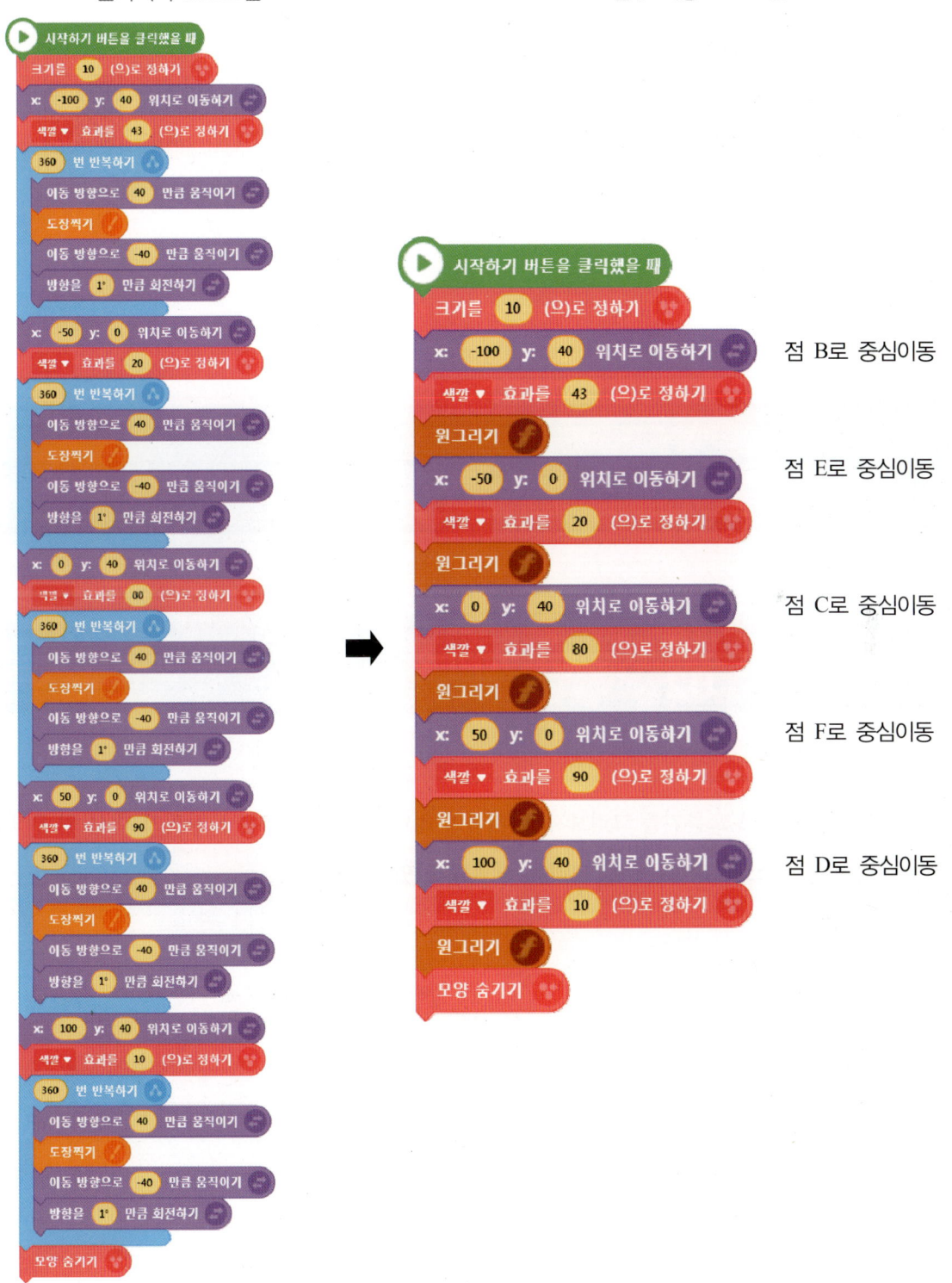

프로그램 실행결과 확인하기

http://naver.me/5eMxgPNJ

잠깐! 색깔 효과

-  오브젝트의 색깔 효과를 입력한 값으로 정한다(0~100을 주기로 반복됨). 이 블록은 오브젝트의 원래 색깔에 종속되어 그 효과가 정해지므로 같은 수를 입력하더라도 오브젝트의 종류에 따라 다른 색깔이 나타난다.

문제 02 오륜기 그리기 2

반지름이 50인 원으로 오륜기를 그려보자. 반지름이 정해진 원 그리기는 도장찍기 대신 원 위의 한 점에서 시작하여 컴퍼스로 그리듯 원을 그리는 방법도 있었다.

문제 분석하기

❶ 반지름을 50으로 한다.

❷ 점 A와 점 B사이 거리는 120이다.

❸ 두 원들 사이 간격은 20으로 한다.

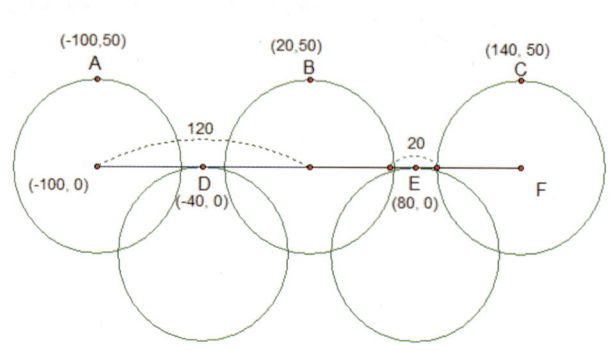

❹ 반지름이 50인 원의 둘레 길이는 $2 \times 3.14 \times 50$이므로 중심각 1도에 대응하는 호의 길이는 (전체 둘레 길이)$/360 = \frac{2 \times 3.14 \times 50}{360}$ 이므로 원을 그리기 위해 1도 회전할 때마다 $\frac{2 \times 3.14 \times 50}{360} = \frac{314}{360}$ 만큼씩 이동하기를 360번 반복하자.

설계하기

❶ 알고리즘

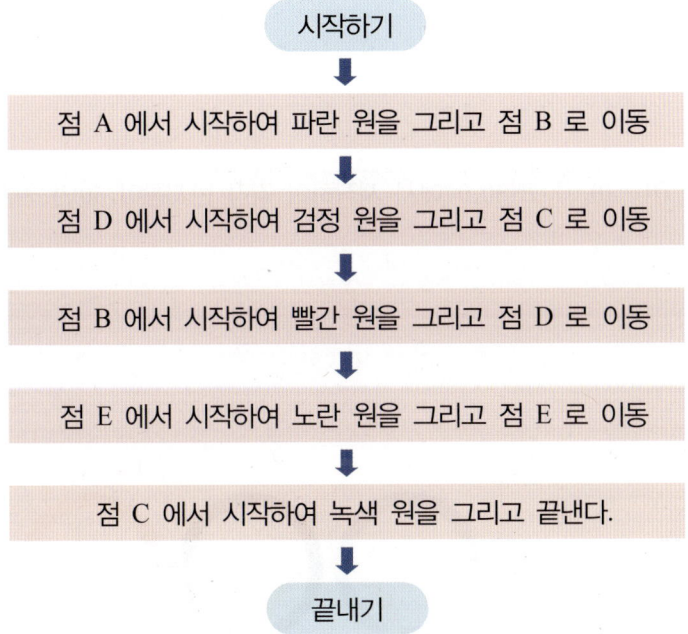

❷ 오브젝트

'동그란 버튼' 오브젝트를 선택해 보자.

블록 조립하기

❶ 반지름 50인 원을 그리기 위하여 $\frac{2 \times 3.14 \times 50}{360} = \frac{314}{360}$ 만큼 이동하고 1도씩 회전하기를 360번 반복한다.

❷ 이 원 그리기를 5번 반복해서 사용해야 하므로 함수블록으로 만들어 프로그램을 간단히 만들어 보자.

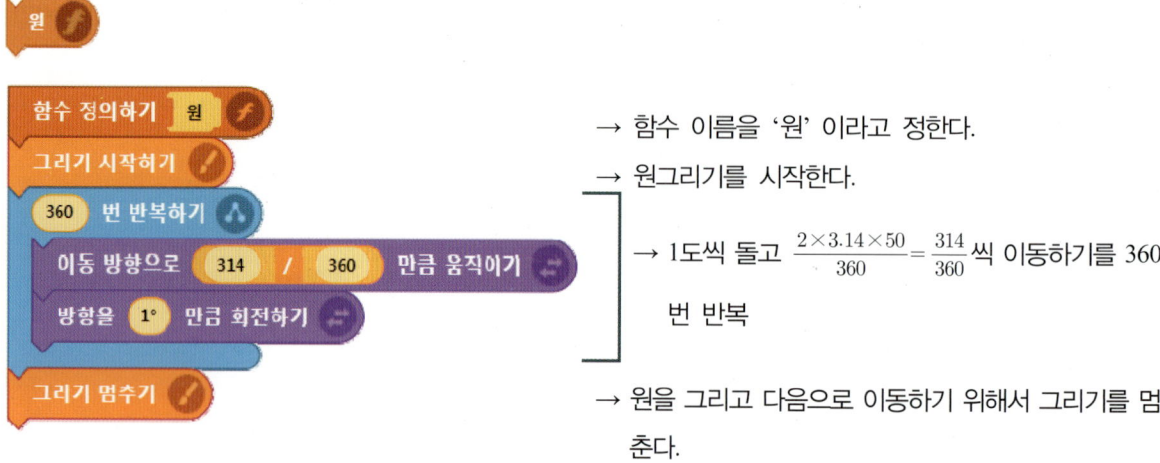

→ 함수 이름을 '원' 이라고 정한다.
→ 원그리기를 시작한다.
→ 1도씩 돌고 $\dfrac{2\times 3.14\times 50}{360}=\dfrac{314}{360}$ 씩 이동하기를 360번 반복

→ 원을 그리고 다음으로 이동하기 위해서 그리기를 멈춘다.

❸ $A(-100, 50), B(20, 50), C(140, 50), D(-40, 0), E(80, 0)$에서 시작하여 각각 반지름이 50인 원을 색깔별로 그려 코딩을 완성한다.

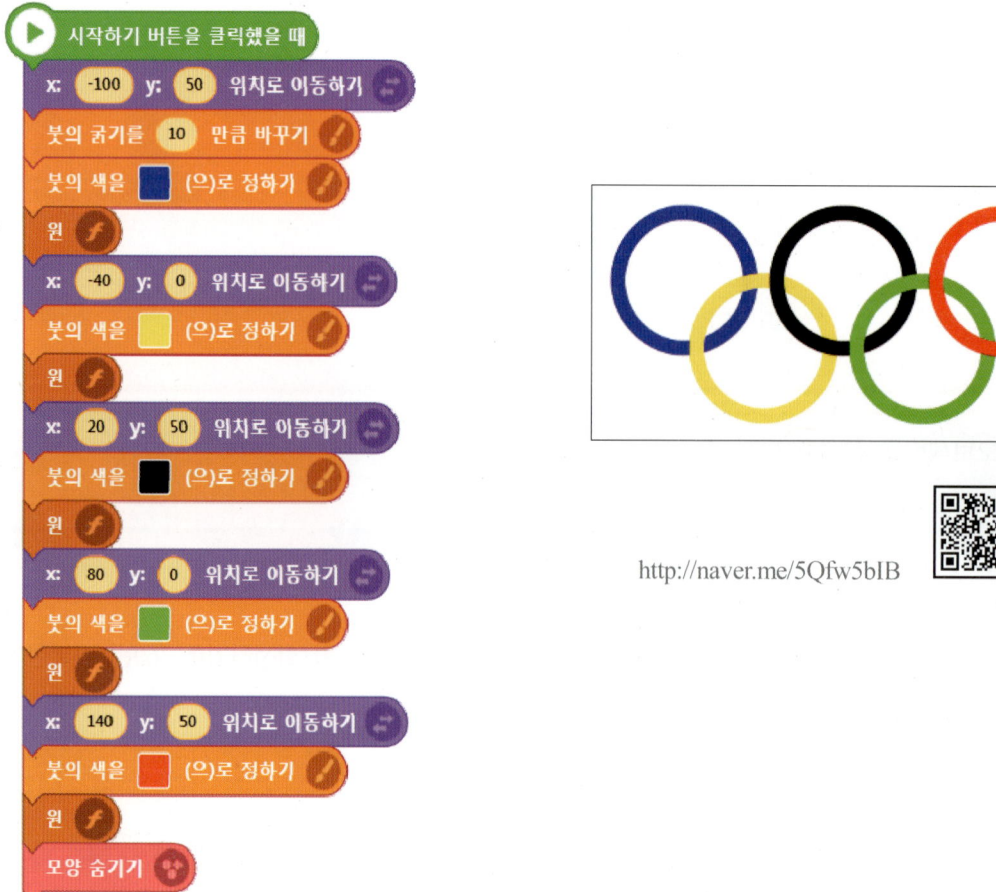

http://naver.me/5Qfw5bIB

더 나아가기 1 · 반지름이 r인 원으로 이루어진 오륜기 그리기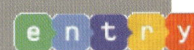

반지름을 정해주면 그 반지름을 갖는 원들로 이루어진 오륜기를 그려보자. 이때 원의 반지름을 r이라고 하고 원들 사이 거리는 20만큼 떨어지도록 해 보자.

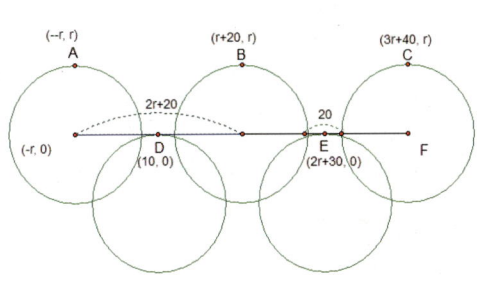

블록 조립하기

Step 1

반지름이 주어진 원을 그리는 함수 블록을 만든다. 이 때 반지름이 [문자/숫자값 1] 인 원을 그리기 위하여 길이 $2 \times 3.14 \times (반지름)/360$ 만큼 이동하고 1도씩 회전한다.

Step 2

각 원을 그리기 시작하는 점 A, B, C, D, E의 좌표는 다음과 같다.

$A(-r, r)$

$B(r+20, r)$

$C(3r+40, r)$

$D(10, 0)$

$E(2r+30, 0)$

 **Step 3**

각 좌표와 함수 블록을 이용하여 완성한 프로그램은 다음과 같다.

```
시작하기 버튼을 클릭했을 때
반지름을 얼마로 할까? 을(를) 묻고 대답 기다리기
반지름▼ 를 대답 로 정하기
x: (-1 x 반지름▼ 값) y: 반지름▼ 값 위치로 이동하기
붓의 굵기를 10 (으)로 정하기
붓의 색을 ■(파랑) (으)로 정하기
원 반지름▼ 값
x: 10 y: 0 위치로 이동하기
붓의 굵기를 10 (으)로 정하기
붓의 색을 ■(노랑) (으)로 정하기
원 반지름▼ 값
x: (반지름▼ 값 + 20) y: 반지름▼ 값 위치로 이동하기
붓의 굵기를 10 (으)로 정하기
붓의 색을 ■(검정) (으)로 정하기
원 반지름▼ 값
x: (2 x 반지름▼ 값 + 30) y: 0 위치로 이동하기
붓의 굵기를 10 (으)로 정하기
붓의 색을 ■(초록) (으)로 정하기
원 반지름▼ 값
x: (3 x 반지름▼ 값 + 40) y: 반지름▼ 값 위치로 이동하기
붓의 굵기를 10 (으)로 정하기
붓의 색을 ■(빨강) (으)로 정하기
원 반지름▼ 값
모양 숨기기
```

http://naver.me/xVsjIvhn

 붓의 색을 바꾸는 대신 5가지 색 원 오브젝트를 만들어 오륜기 그리기 프로그래밍을 해 보자.

Step 1

 탭에서 모양 추가하기 → 새로 그리기 → 이동하기 를 클릭하고 오브젝트를 만들어 추가하자. 모양 그림판 에서 새그림 을 선택하고 윤곽선 색상과 채우기 색상을 선택한 후 원 그리기 도구를 이용하여 원을 그린다.

Step 2

 다시 새그림 을 클릭하고 수정한 내용을 저장할지 물으면 '예'라고 답한다. 그러면 모양이 추가된다.

Step 3

 위와 같은 방법으로 오브젝트 5개를 추가한다. 이 때 오브젝트의 이름을 다시 정할 수 있다.

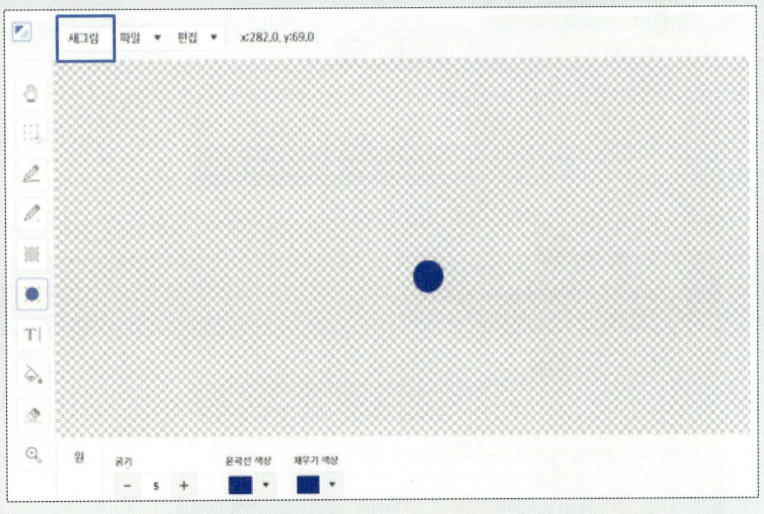

Step 4

반지름이 주어진 원을 그리는 함수 블록을 만든다.

이 때, 반지름 문자/숫자값 1 인 원을 그리기 위하여 이동방향으로 $2 \times \pi \times (문자/숫자값1)/360$ 만큼 움직이고 도장을 찍은 후 1도씩 회전하기를 360번 반복한다.

Step 5

모양 바꾸기 블록 과 함수 블록 을 이용하여 완성한 프로그램은 다음과 같다.

http://naver.me/FctGJ5Ks

수학 개념 정리

1. 좌표

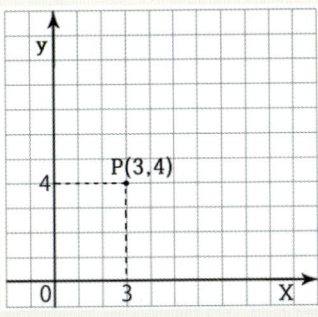

좌표는 직선, 평면, 공간에서 점의 위치를 나타내기 위해 사용되는 값을 말한다. 평면에서는 원점에서 만나는 X축(가로축)과 Y축(세로축)을 사용해서 점의 위치를 (x,y)로 표현하고 입체공간에서는 X축, Y축, Z축을 사용해서 점의 위치를 좌표(x,y,z)로 나타낸다. 예를 들어 위 그림의 점 P의 좌표는 $(3,4)$로서 원점에서 X축의 오른편으로 3인 위치, 원점에서 Y축의 위편으로 4인 위치에 있음을 나타낸다.

이 좌표계는 이를 발명한 프랑스의 수학자 르네 데카르트(René Descartes, 1596~1650)의 이름을 따 데카르트 좌표계라고도 한다.

CHAPTER 05

꽃 무늬 그리기

entry

CHAPTER 05 꽃 무늬 그리기

학습 내용
- 수학 - 원의 접선, 평행이동, 회전이동, 닮음, 닮음의 중심
- 코딩 - 반복, 반복의 반복, 변수, 함수, 변수를 가진 함수

꽃 무늬 1

꽃 무늬 2

꽃 무늬 3

문제 분석하기

❶ 꽃잎 오브젝트를 선택한다.
❷ 회전 이동의 중심을 정한다.
❸ 꽃잎을 일정한 각도 만큼씩 회전시키면서 도장 찍기를 한다.
❹ 꽃잎의 크기를 변화시키고 일정 각도만큼 회전한 후 같은 일을 반복한다.

설계하기

❶ 알고리즘

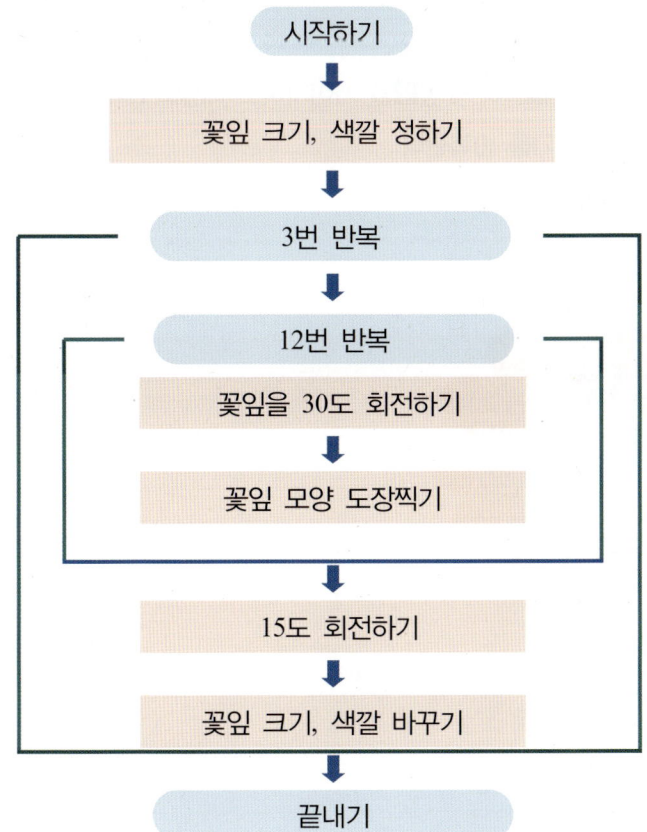

❷ 오브젝트

- 엔트리봇을 제거하기 위해서 엔트리봇 아이콘을 선택하고 실행화면 아래 ×을 클릭한다.
- ┼ 를 클릭하여 검색창에 '분홍 꽃잎'을 입력한 후 선택하고 추가하기 을 누른다.
- 오브젝트의 중심을 끌어서 적당한 위치에 놓고 회전의 중심으로 정한다.

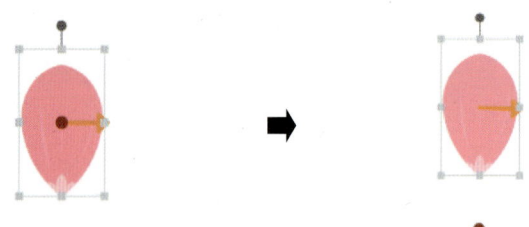

블록 조립 및 실행 결과 확인하기

❶ 꽃잎 1 그리기 : 오브젝트 크기를 70으로 정한 후 꽃잎 1 을 30도씩 회전하고 도장찍기를 12번 반복한다.

꽃잎 2 그리기 : 오브젝트 크기를 50으로 정한 후 꽃잎 2 들이 꽃잎 1 들 사이사이로 배열되도록 오브젝트의 방향을 15도 회전하고 꽃잎 2 를 그리기를 반복한다.

꽃잎 3 그리기 : 오브젝트 크기를 30으로 정한 후 꽃잎 3 들이 꽃잎 2 들 사이사이로 배열되도록 오브젝트의 방향을 15도 회전하고 꽃잎 3 를 그리기를 반복한다.

❺ 이러한 블록 모둠을 모아 완성한 프로그램은 다음과 같다.

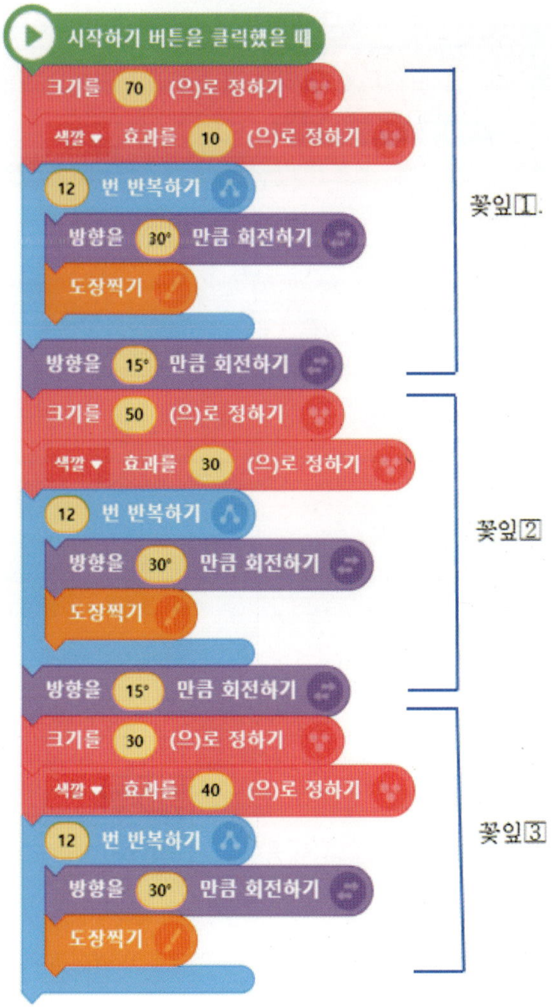

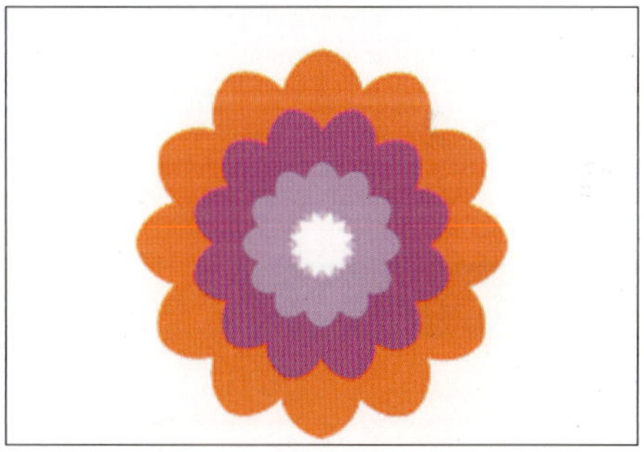

CHAPTER 5 꽃 무늬 그리기

더 나아가기 1 | 함수를 이용하여 프로그래밍하기

앞의 프로그램에서는 다음 블록묶음(꽃잎 도장을 돌아가면서 12번 찍음)을 반복하여 사용함으로써 프로그램의 길이가 길어졌다. 함수를 이용하여 프로그램을 간단히 만들어 보자.

 Step 1

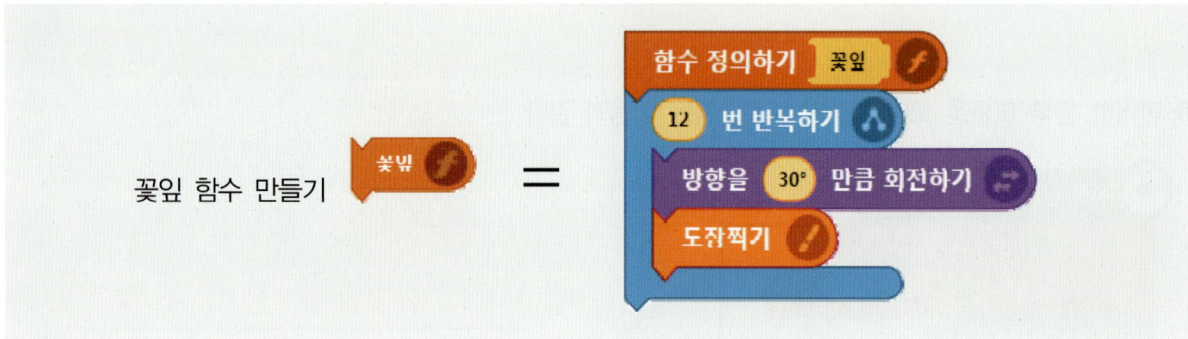

 Step 2

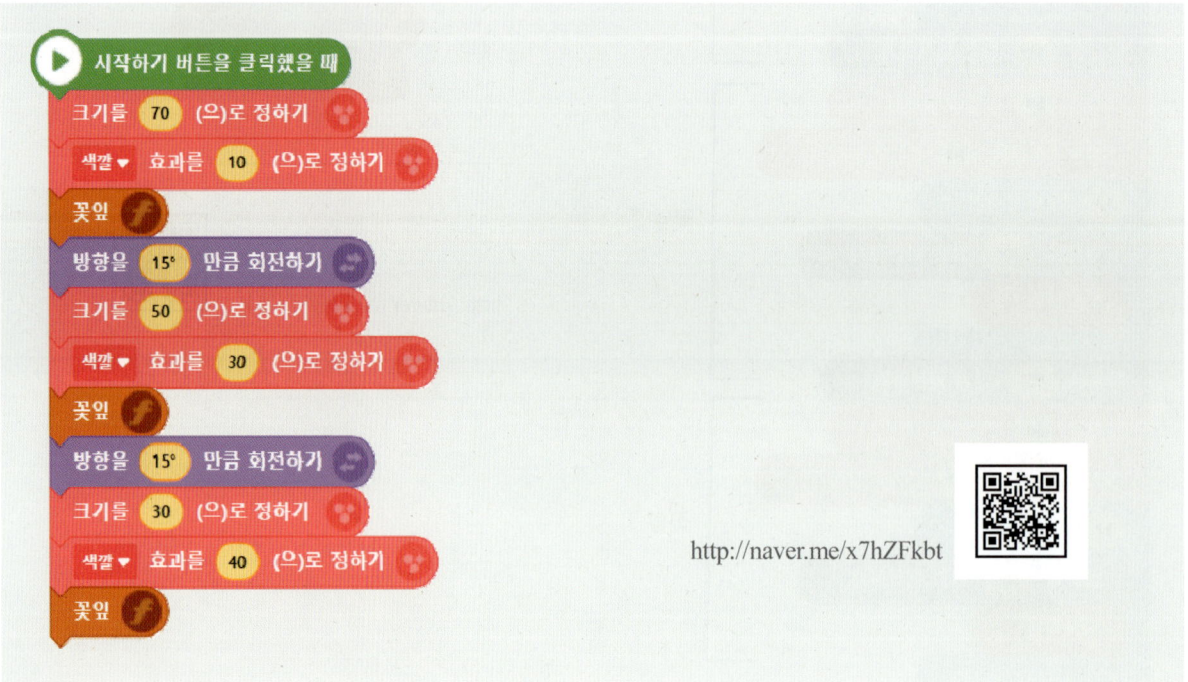

http://naver.me/x7hZFkbt

더 나아가기 2   변수를 가진 함수를 이용하여 프로그래밍하기

그런데 위 프로그래밍에서 다음 두 블록은 숫자만 다르게 반복되어 사용되고 있음을 알 수 있다. 이 블록도 함수에 같이 넣어 정의할 수는 없을까?

두 블록이 반복되긴 하지만 크기와 색깔을 나타내는 수는 계속 변하고 있다. 따라서 이 프로그램에서는 크기와 색깔도 변수라고 볼 수 있다. 변수를 갖는 함수를 만들어 보자.

 Step 1

변수를 두 개 가진 함수 블록을 만들자. 먼저 블록 의 f함수 을 클릭한 후 함수 만들기 을 클릭하고 함수 부분에 꽃잎이라고 이름을 적는다.

 Step 2

문자/숫자값 을 끌어 꽃잎 옆에 붙이면 문자/숫자값 1 으로 바뀐다. 이것을 꽃잎의 크기를 나타내는 변수라고 하자. 다시 문자/숫자값 을 끌어 꽃잎 옆에 붙이면 문자/숫자값 2 으로 바뀌는 데 이 변수를 꽃잎의 색깔이라고 하자.

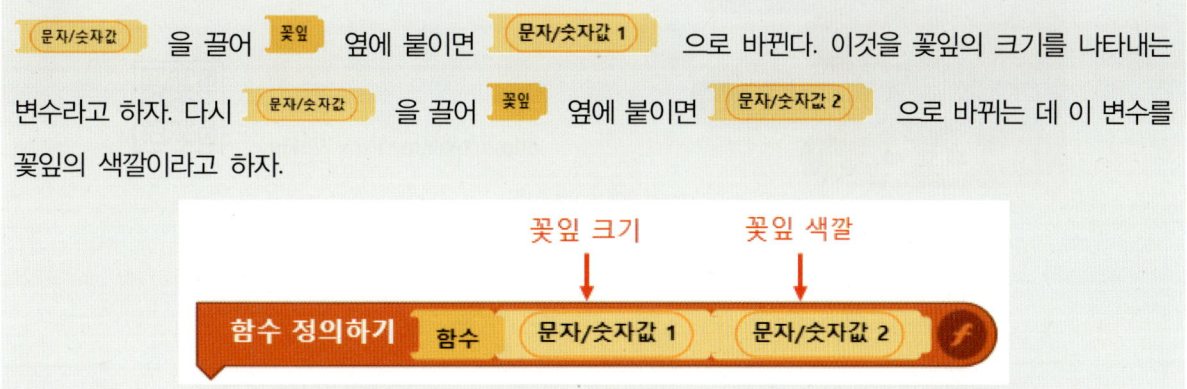

 **Step 3**

크기 블록의 숫자와 색깔 블록의 숫자에 각각 `문자/숫자값 1` `문자/숫자값 2` 을 넣어 함수 블록을 완성한다.

 Step 4

이제 긴 프로그램이 간단하게 수정되었다. 꽃잎크기는 70-50-30으로 줄어들었고 색깔은 10-30-40 으로 달라졌다. 이 숫자들을 바꿔가면서 모양을 관찰해 보자.

http://naver.me/FwVW2Huv

문제 분석하기

❶ 하나의 꽃잎은 원 호의 $\frac{1}{4}$인 활꼴 모양의 사분원이 두 개 연결되어 있는 형태이다.

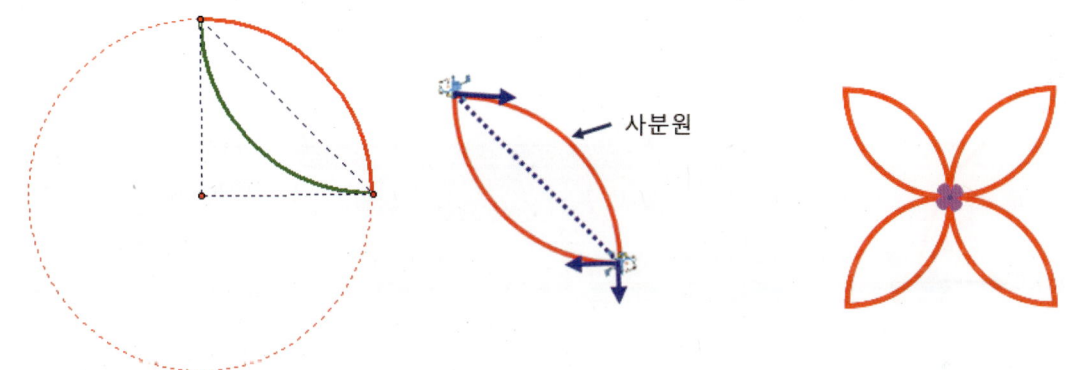

❷ 원 호의 1/4(사분원)을 방향을 바꾸어 가며 두 번 그려 하나의 꽃잎을 만든다.
❸ 하나의 꽃잎을 그리기와 90도 회전하기를 4번 반복한다.
❹ 아래 『원 그리기』 프로그램을 이용하자.

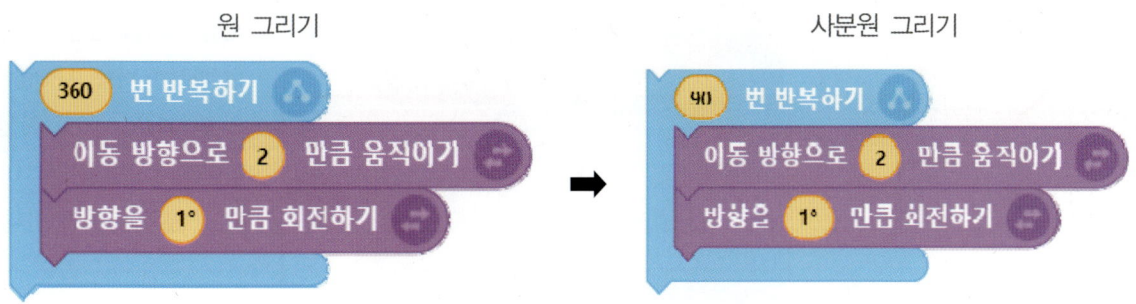

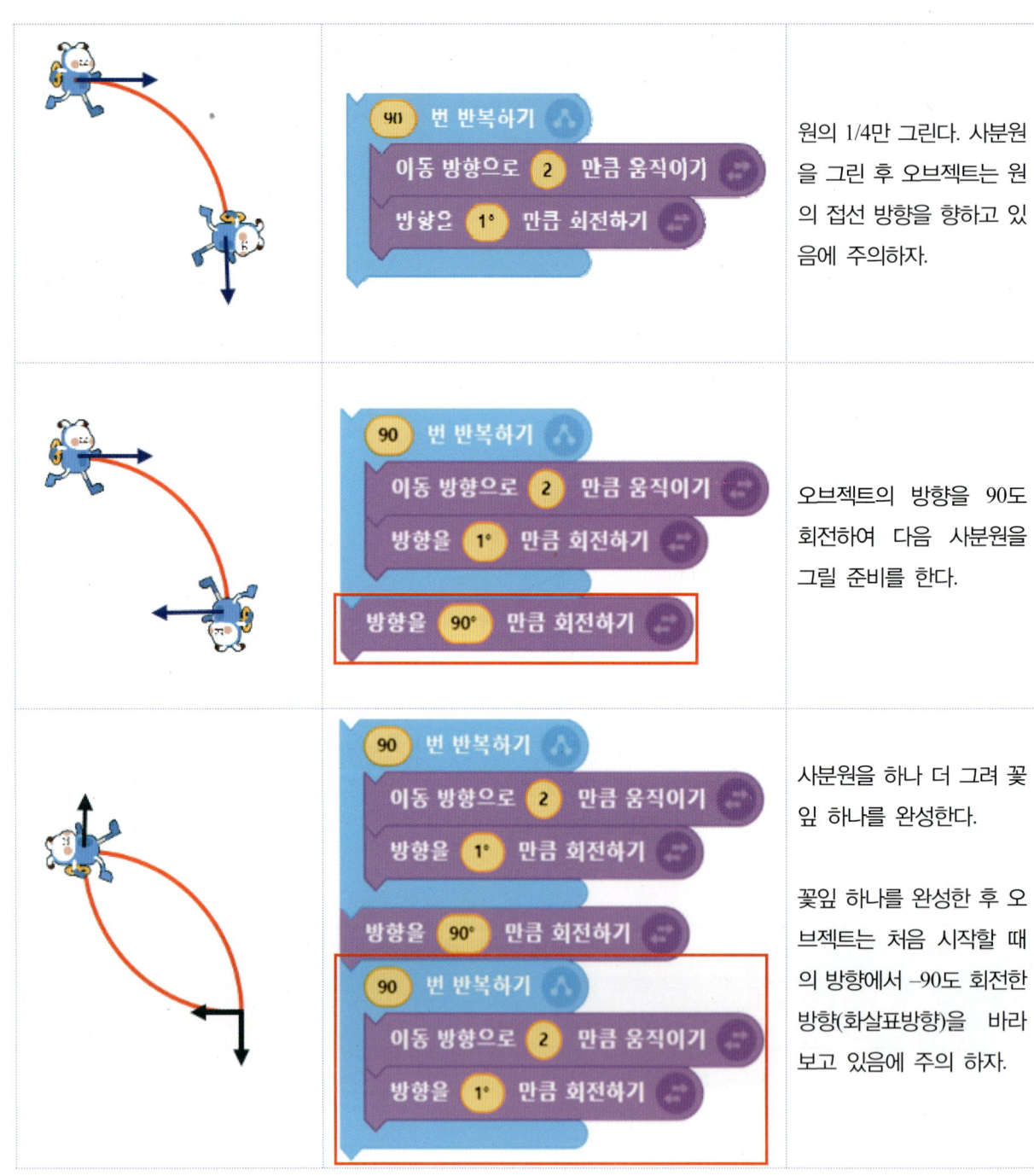

설계하기

❶ 알고리즘

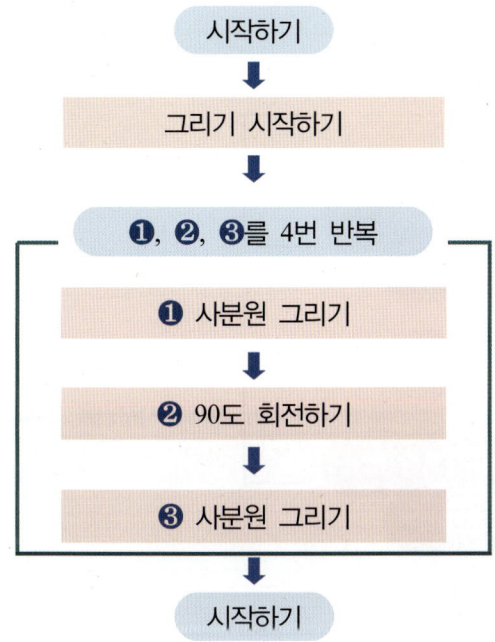

❷ 오브젝트

- 엔트리봇 아이콘을 선택하고 실행화면 아래 ⊠ 을 클릭하여 엔트리봇을 제거한다.
- ＋ 를 클릭하여 검색창에 '들꽃'을 입력한 후 선택하고 적용을 누른다.

블록 조립하기

❶ 꽃잎 하나를 그리는 함수블록 [함수 정의하기 꽃잎2] 을 만들자.

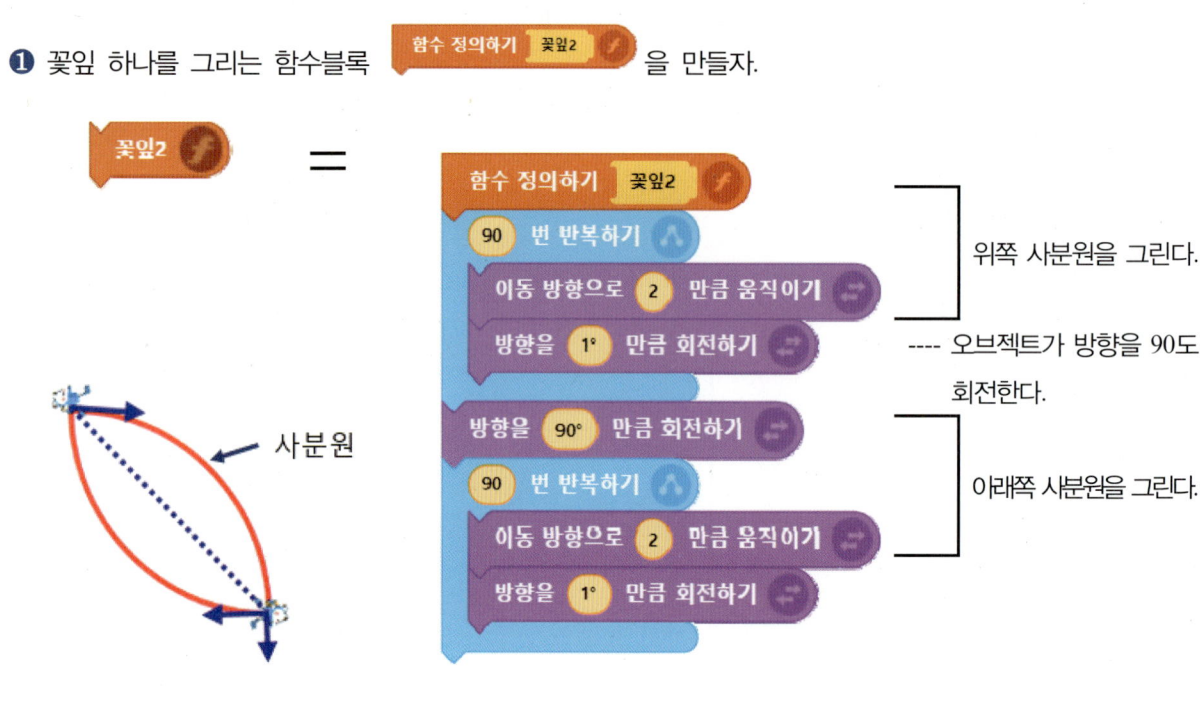

 잠깐!

- 이동방향을 2로 할 경우와 1로 할 경우는 꽃잎의 크기에서 차이가 있다.
- 같은 1도를 회전해도 이동하는 거리가 크면 꽃잎도 커진다.

❷ 함수 블록을 이용하여 꽃잎을 하나 그리고 나면 오브젝트는 처음 방향에서 −90도 회전한 방향을 바라보게 된다. 따라서 꽃잎 하나를 그린 후 계속 반복하게 하면 차례대로 [1], [2], [3], [4] 꽃잎을 그리게 된다.

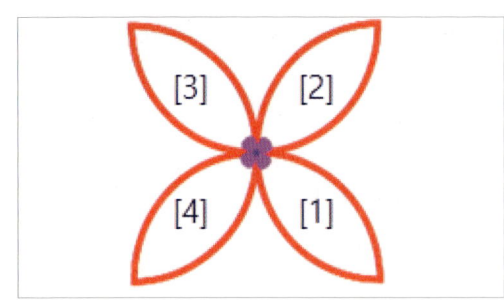

http://naver.me/xaFp8DlM

 생각해 보기 1

위 프로그램을 수정해서 꽃잎이 6개인 꽃을 그려보자.

 생각해 보기 2

꽃잎 20개를 그리기 위해서 빈칸에 어떤 수를 넣어야 할까?

CHAPTER 5 꽃 무늬 그리기

 생각해 보기 해답

생각해 보기 1

아래의 빨간 꽃잎 [1]을 그리기 시작하는 방향과 두 번째 파란 꽃잎 [2]을 그리기 시작하는 방향은 60도를 이루어야한다(꽃잎이 6개 이므로). 그런데 첫 번째 빨간 꽃잎을 그린 후 엔트리의 방향은 처음 시작하는 방향과 90도를 이루기 때문에 30도를 회전한 후 다시 그리기 시작해야한다. 이것을 6번 반복한다.

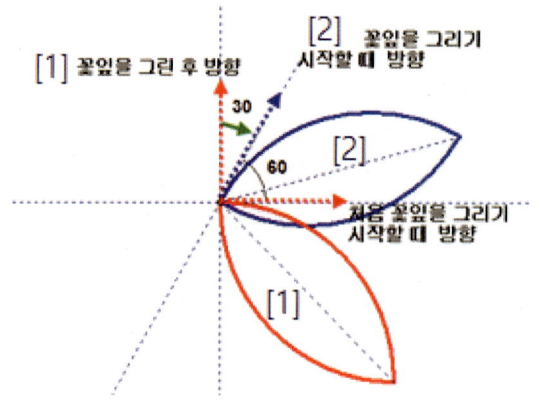

http://naver.me/GQmJfwQd

▶ 생각해 보기 2

처음 꽃잎을 그리기 시작할 때의 방향과 두 번째 꽃잎을 그리기 시작할 때의 방향은 360/20 = 18도를 이루어야 하므로 처음 꽃잎을 그린 후 72도 돌아 다시 그리기 시작하기를 20번 반복해야 한다.

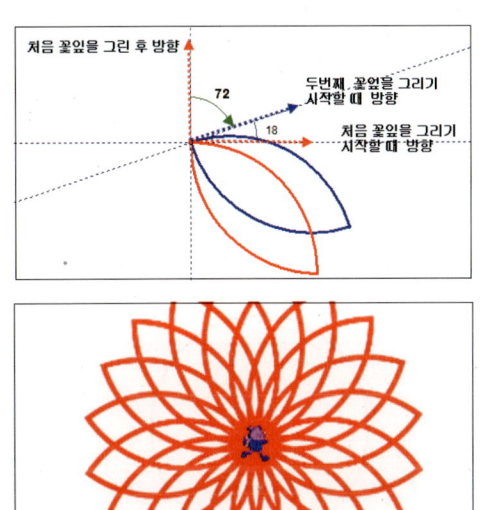

http://naver.me/5PQlOJLw

수학 개념 정리

1. 원의 접선

　원의 접선이란 원과 한 점에서 만나는 직선을 말하고 만나는 한 점을 접점이라고 한다. 접점에서 그은 직선은 접점을 지나는 반지름과 수직으로 만난다.

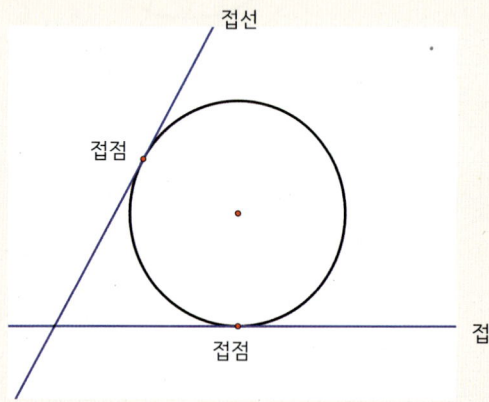
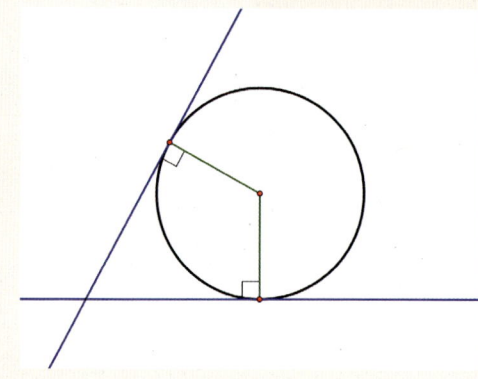

CHAPTER 06

장미꽃 그리기

CHAPTER 06 장미꽃 그리기

- 수학 - 삼각비, 원
- 코딩 - 반복, 조건을 가진 반복, 변수, 함수, 변수를 가진 함수

오각 장미

원 장미 1

원 장미 2

문제 01 정오각형을 이용하여 장미꽃 그리기

위의 그림과 같이 정오각형으로 이루어진 오각 장미 무늬를 디자인하는 프로그래밍을 해 보자. 그리는 순서는 작은 것부터 큰 것 순으로 그리자.

문제 분석하기

❶ 가장 큰 정오각형부터 그리기 시작할 수도 있으나 우리는 가장 작은 정오각형부터 그려보도록 한다. 아래 그림에서와 같이 점 A에서 시작하여 한 변 AC의 길이가 a인 정오각형을 그린다.

❷ 작은 정오각형에 외접하는 정오각형의 한 변의 길이 $2AB = BD$는 얼마로 해야 할까?

> 작은 정오각형의 한 변의 길이를 a라고 하면 이에 외접하는 정오각형의 한 변 길이 $2AB = BD$ 이고 두 번째 그림에서 보듯이
>
> $$\frac{\frac{a}{2}}{AB} = \cos 36° \Leftrightarrow AB = \frac{\frac{a}{2}}{\cos 36°}$$
>
> 이다. 따라서 외접하는 정오각형의 한 변 길이 $2AB = BD$는
>
> $$BD = 2AB = \frac{a}{\cos 36°}$$

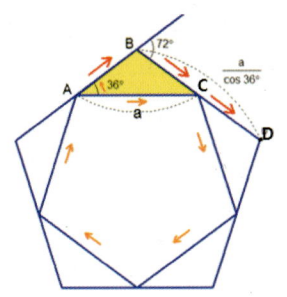 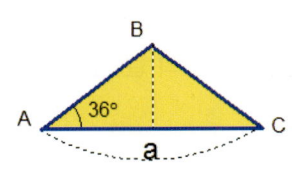 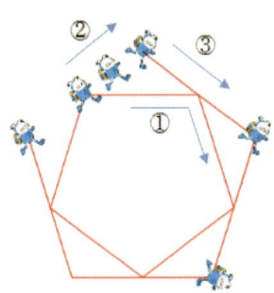

❸ 새로운 정오각형을 그릴 때마다 정오각형의 한 변의 길이가 달라짐을 알 수 있다. 따라서 변의 길이를 변수 a라고 정하고 이를 변화시켜가며 정오각형들을 그린다.

설계하기

❶ 알고리즘

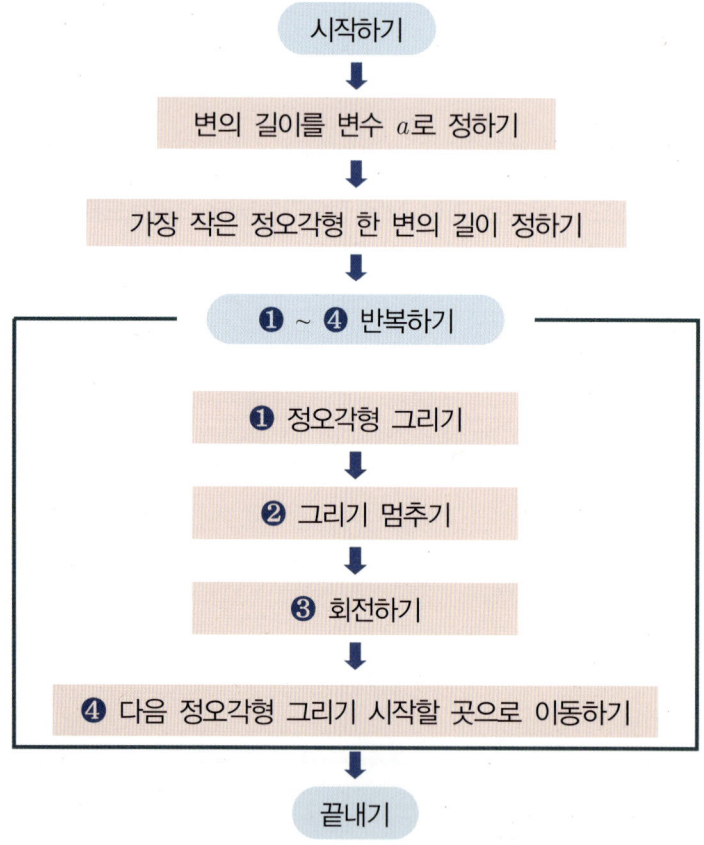

❷ 변수 만들기

다각형을 하나 더 그릴 때마다 변의 길이가 변하므로 변의 길이를 변수로 만들자. 변수 이름을 a라고 하면 변의 길이에 관련된 블록들이 만들어진다.

❸ 새로운 블록 준비하기

생김새	모양 숨기기	해당 오브젝트를 화면에서 보이지 않게 한다.
붓	그리기 멈추기	오브젝트가 선 그리는 것을 멈춘다.

블록 조립과 실행 결과 확인하기

❶ 한 변의 길이가 [a▼ 값] 인 정오각형을 그리는 블록묶음이다.

❷ 방금 그린 한 변 길이가 a인 정오각형을 둘러싼 더 큰 정오각형을 그리자. 더 큰 정오각형의 한 변 길이는 $\dfrac{a}{\cos 36°}$이다. 잠시 그리기를 멈추고 한 변 길이 a를 다시 $\dfrac{a}{\cos 36°}$로 정하고 다음 정오각형을 그릴 준비를 한다.

❸ 오브젝트는 A로 돌아와 C를 바라보고 있으므로 다음 정오각형을 그리기 시작할 위치 B로 이동하기 위해서 −36도 회전 후 $\dfrac{a}{2}$만큼 이동한 후 72도(외각) 만큼 회전하고 BD를 그릴 준비를 한다.

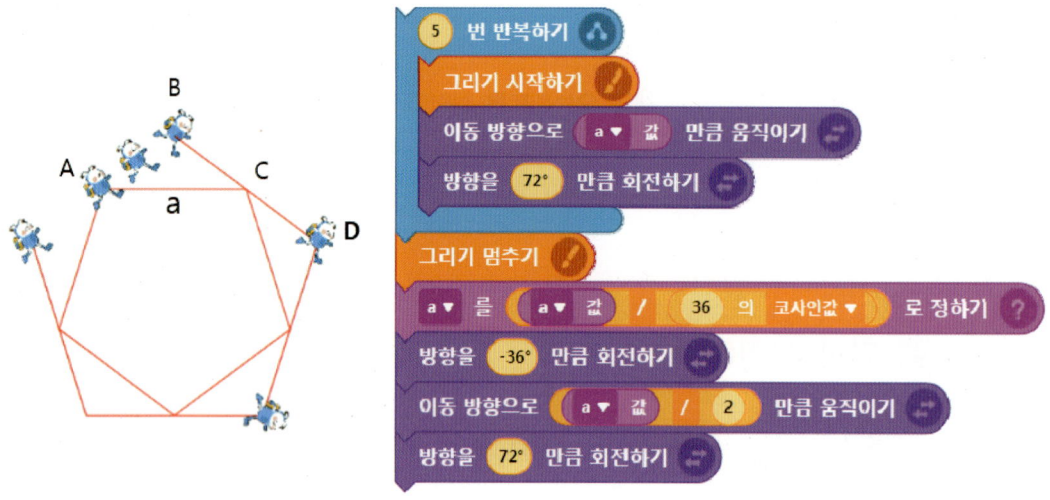

❹ 이제 한 변 길이 $a = 10$에서 시작하여 $a = 100$일 때 까지 빨간 상자 부분을 반복적으로 시행한다.

❺ 마지막에 ![모양 숨기기] 를 이용하여 오브젝트를 숨기고 장미꽃을 완성한다.

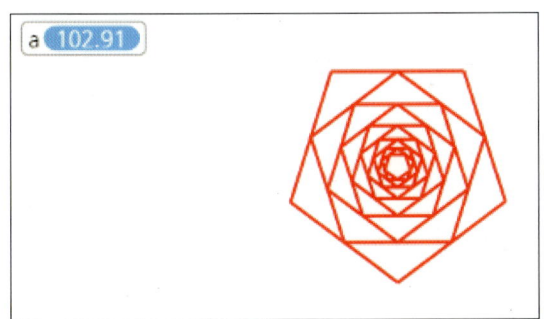

http://naver.me/5Muz1LrY

 생각해 보기 1 – 정육각형을 작은 것부터 큰 것 순으로 그리기

정육각형을 이용한 육각장미 무늬 그리기 프로그래밍을 완성하기 위하여 ⬤을 채워 봅시다. 그리고 실행해 보세요.

더 나아가기 1 n을 입력하고 정n각형 장미꽃 그리기

n이 주어지면 정n각형으로 디자인한 장미꽃을 그릴 수 있을까? 정오각형, 정육각형으로 그린 장미꽃을 잘 관찰하고 규칙성을 찾아 프로그래밍 해 보자. 정n각형을 작은 것부터 큰 것 순으로 그려보자.

문제 분석하기

❶ 먼저 변수 'n(몇 각형?)'과 'a(변의 길이)'가 필요하다.

❷ $AC = a$일 때 $BD = 2AB = \dfrac{a}{\cos \dfrac{180}{n}}$ 이다.

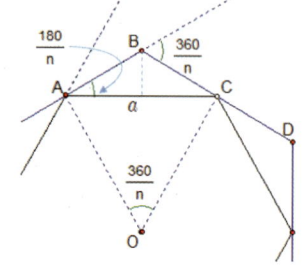

 Step 1

몇각형을 그릴지 묻고 대답을 n에 입력한다.

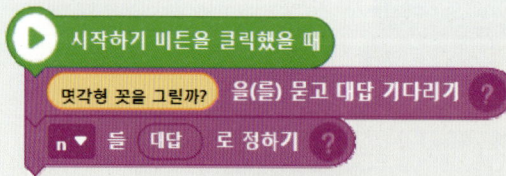

 Step 2

정오각형 꽃과 비교하면서 변의 길이를 다시 수정하여 외접하는 정n각형을 그린다.

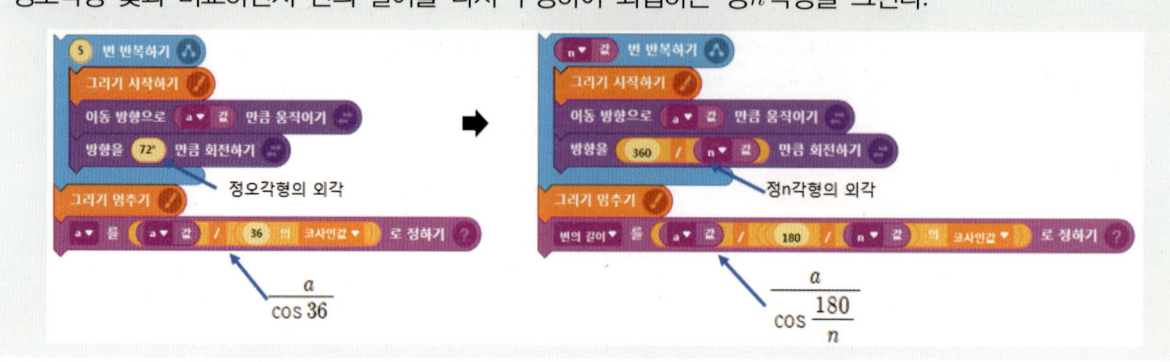

Step 3

외접하는 정육각형을 그리기 위한 위치로 이동하여 방향을 바꾸고 다시 정육각형 그리기를 반복한다.

Step 4

마지막에 오브젝트를 숨기고 장미꽃을 완성한다.

http://naver.me/5fTpCHoA

CHAPTER 6 장미꽃 그리기

 생각해 보기 2 – 정다각형을 큰 것부터 작은 것 순으로 그리기

정다각형을 큰 것부터 작은 것 순으로 그리려면 위의 코드를 어떻게 수정해야할까?

더 나아가기 2 　 함수를 이용하여 프로그래밍하기

정다각형을 작은 것부터 큰 것 순으로 그리는 프로그램을 함수를 이용하여 간단히 해보자. 어느 부분을 함수로 정의해 보면 좋을까?

 Step 1

빨간색 상자안의 블록은 정n각형을 그린 후 다음 외접하는 더 큰 정n각형을 그리기 위하여 회전하고 이동한 상태를 나타내는 블록이다. 이 블록 묶음이 계속 반복 실행되고 있으므로 이 블록 묶음을 '정다각형' 함수로 정의하자.

<정다각형을 작은 것부터 큰 것 순으로 그리는 프로그램>

Step 2

변의 길이가  인 정n각형을 그리고 그 다음 외접하는 더 큰 정n각형을 그릴 준비를 하는 단계까지를 함수로 정의한다. 이때 변수 'n(몇 각형?)' 대신 문자/숫자값 1 를 입력한다.

<변의 길이가 a인 정n각형을 그린 후 외접하는 더 큰 정n각형을 그릴 준비를 하는 함수>

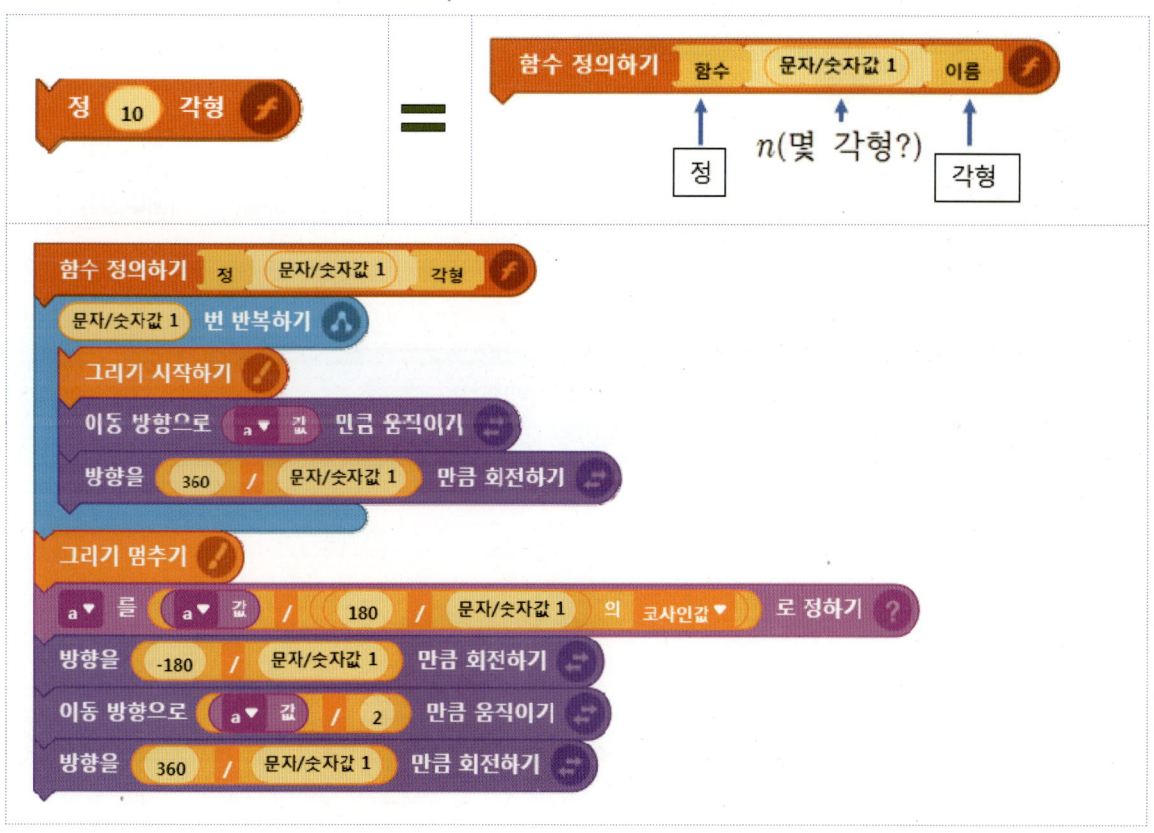

함수를 이용한 프로그램 결과 확인하기

→ 몇각형으로 그릴지 묻는다.

→ 대답을 n에 저장한다.
→ 가장 작은 변 길이를 10으로 시작해서 가장 큰 변 길이가 100 보다 커지는 순간까지 반복한다.

→ 위에서 만든 함수 블록

http://naver.me/GVYtTWks

문제 02 · 원을 이용하여 장미꽃 그리기

원 장미 1

원 장미 2

먼저 원 장미 1을 그려보자.

문제 분석하기

❶ 파란색 원과 정사각형을 그리고 적당한 각도만큼 회전한 후 빨간색 원과 정사각형을 그린다 이와 같은 일을 반복한다.

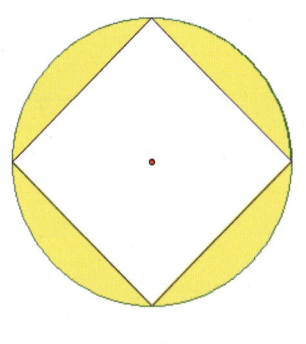
그림 2-1

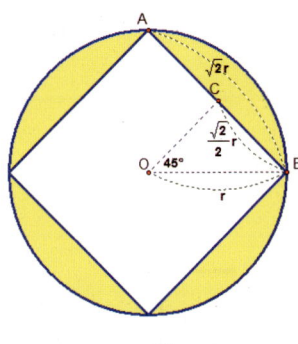
그림 2-2

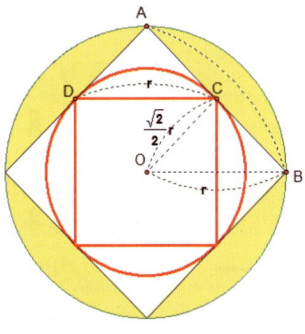
그림 2-3

❷ 그림 2-2에서 원(파란색)의 반지름을 r이라고 할 때 내접하는 정사각형(파란색) 의 한 변 길이 AB는 얼마일까?

> 그림 2-2에서 삼각형 AOB는 직각이등변삼각형이므로 $\angle OBC = 45°$ 이다.
>
> 이제 $\dfrac{BC}{r} = \cos 45° = \dfrac{\sqrt{2}}{2}$ 이므로 $BC = \dfrac{\sqrt{2}}{2} r$ 이다. 따라서 정사각형 한 변의 길이 $AB = 2BC = \sqrt{2}\, r$ 이다.

❸ 그림 2-3에서 작은 원(빨간 색)의 반지름 OC는 얼마일까?

> 정사각형 한 변의 길이 AB가 작은 원의 지름이 되므로 작은 원의 반지름 OC는 $OC = \dfrac{\sqrt{2}}{2} r$ 이다.

❹ 그림 2-3에서 작은 원에 내접하는 정사각형(빨간 색)의 한 변 길이 CD는 얼마일까?

> ❷ 에서 반지름이 r인 원에 내접하는 정사각형 한 변 길이 $\sqrt{2}\, r$이었다. 따라서 반지름이 $\dfrac{\sqrt{2}}{2} r$ 인 원에 내접하는 정사각형의 한 변 길이는 $\sqrt{2} \times \dfrac{\sqrt{2}}{2} r = r$이다.

설계하기

❶ 알고리즘

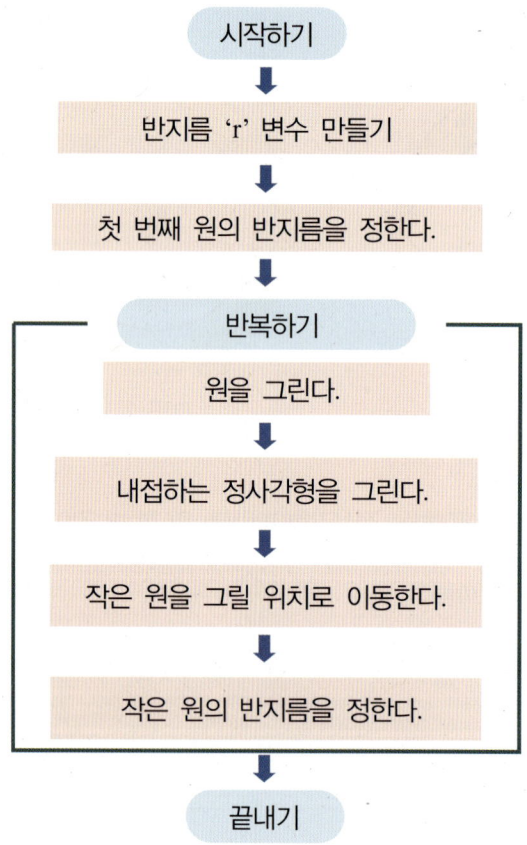

❷ 오브젝트
- 기본 오브젝트 엔트리 봇으로 정한다.

❸ 변수 만들기
- 원의 크기를 결정하는 반지름 r과 내접하는 정사각형의 한 변의 길이를 변수 만들기 할 수 있다. 그러나 반지름만 알면 내접 정사각형의 한 변 길이는 정해지므로 반지름 r만 변수로 정하자.

블록 조립하기

❶ 반지름이 r인 원을 그리는 함수를 만들자.

❷ 한 변의 길이가 주어진 정사각형을 그리는 함수를 정의하자.

❸ A에서 시작하여 반지름이 r인 원을 그린 후 ①방향에서 45도 회전하여 ②방향을 향한 다음 한 변 길이가 $\sqrt{2}\,r$인 내접 정사각형을 그린다.

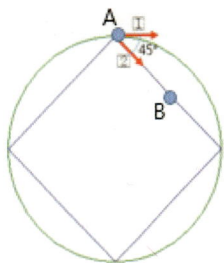

❹ 정사각형을 그리고 ②방향을 향한 상태에서 점 B에서 다시 내접원을 그리기 위하여 $\frac{\sqrt{2}}{2}r$만큼 이동한다.

내접원의 반지름을 정하면 정사각형 한 변의 길이는 $\sqrt{2} \times$ (반지름) 으로 정해진다.

❺ 반지름이 120인 경우부터 시작하여 반지름이 15보다 작아질 때 까지 이러한 과정을 반복한다.

❻ 오브젝트를 적당한 위치 $(0, 120)$에 놓고 프로그램을 완성한 후 실행해 본다.

http://naver.me/x9KDGXVb

생각해 보기 3

원 장미 1은 위에서 그린 것이다. 원 장미 1을 수정하여 원 장미 2를 그리는 프로그래밍을 해 보자.

원 장미 1　　　　　원 장미 2

생각해 보기 해답

➡ **생각해 보기 1**

http://naver.me/FJ2WPKHy

➡ 생각해 보기 2

(블록 코딩 이미지)

- 가장 큰 정n각형의 한 변의 길이
- 가장 작은 정n각형의 한 변의 길이 5
- 정n각형 그리기
- A에서 B로 이동
- 변 BC를 그리기 위해서 점 B에서 점 C를 향하도록 회전
- 다시 변의 길이 BC 정하기

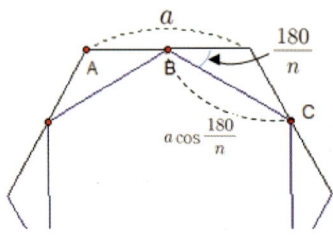

http://naver.me/5h0aTVjN

▶ **생각해 보기 3**

원 장미 2는 원 장미 1과 비교할 때 원을 그린 후 그 지점에서 바로 정사각형을 그린 것이 아니라 조금 더 회전한 후 정사각형을 그린 것이다. 따라서 '원그리기' 함수만 약간 수정하면 된다. 즉, 점 A에서 시작하여 $A-B-C-A$까지 360도를 회전한 후 D까지 15도를 더 회전하고 정사각형을 그리기 시작해야 하므로 결국 375도를 회전해야한다.

완성된 프로그램은 다음과 같다.

http://naver.me/x1RlYcnj

수학 개념 정리

1. 삼각비

두 개의 닮은 직각삼각형에 대하여 $\dfrac{\text{높이}}{\text{빗변의 길이}}$, $\dfrac{\text{밑변의 길이}}{\text{빗변의 길이}}$, $\dfrac{\text{높이}}{\text{밑변의 길이}}$ 의 값은 각각 항상 같다는 것을 알 수 있다. 이와 같은 비를 **삼각비**라고 하고 다음과 같이 정의한다.

$\angle B = 90°$ 인 직각삼각형 ABC에서

∠A의 사인(Sine) $\quad \sin A = \dfrac{BC}{AC} = \dfrac{a}{c}$

∠A의 코사인(Cosine) $\quad \cos A = \dfrac{AB}{AC} = \dfrac{b}{c}$

∠A의 탄젠트(Tangent) $\quad \tan A = \dfrac{BC}{AB} = \dfrac{a}{b}$

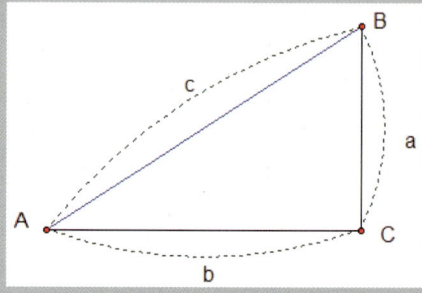

2. 피타고라스 정리

위의 직각삼각형 ABC에서 직각을 낀 두 변 길이를 각각 a, b라 하고 빗변 길이를 c라 하면 $a^2 + b^2 = c^2$ 이 성립한다.

CHAPTER 07

아르키메데스 나선 그리기

CHAPTER 07 아르키메데스 나선 그리기

- 수학 - 나선, 삼각형의 닮음, 피타고라스 정리
- 코딩 - 순차, 반복, 조건이 있는 반복

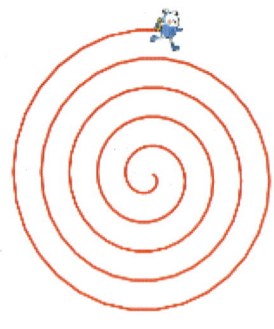

아르키메데스 나선

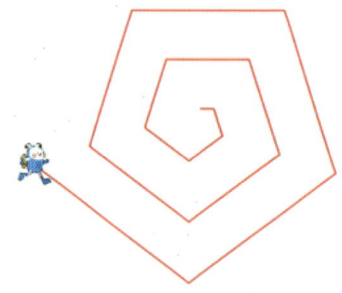

정다각형 나선

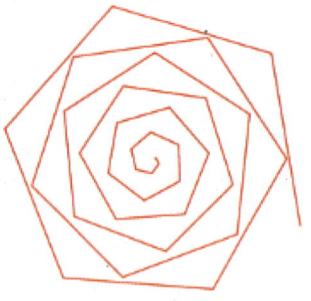

정다각형 나선 변형

나선(Spiral)이란 한 점의 주위를 돌면서 그 점으로부터 점점 멀어지는 평면곡선을 말한다. 나선 모양에 따라 아르키메데스 나선, 황금 나선, 피타고라스 나선, 다각형 나선 등 다양한 나선들이 있으며, 해바라기 꽃씨의 배열이나 암모나이트의 모양과 같이 자연에서 만날 수 있다.

아르키메데스 나선 그리기

기원전 3세기경 아르키메데스는 나선의 원리를 응용해 나선식 펌프를 발명하였는데 이때 사용된 나선을 아르키메데스의 이름을 따서 아르키메데스 나선이라고 한다.

아르키메데스 나선은 한 점으로부터 멀어지는 속도가 일정하고 시간당 각의 변화가 일정한 곡선을 말한다.

앞 장에서 배운 『도장찍기로 원 그리기』 프로그램을 변형하여 나선을 그려보자.

문제 분석하기

❶ 나선 모양을 잘 관찰하면서 원 모양과 비교해 보자. 나선이 원과 다른 점은 무엇일까?

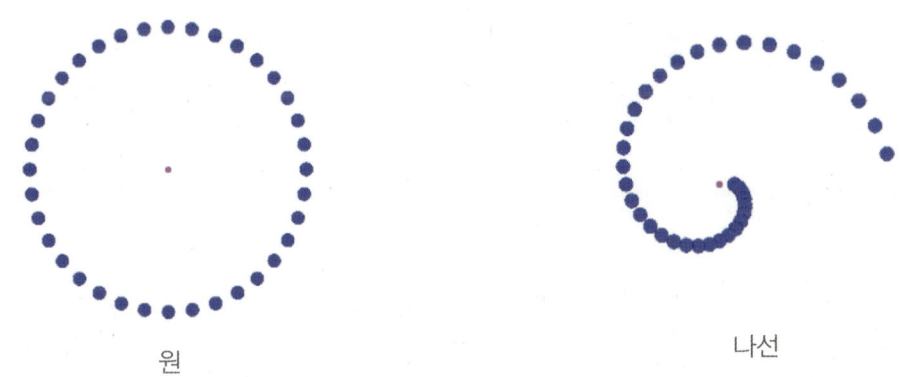

원   나선

위의 원은 9도씩 돌아갈 때마다 중심으로부터 같은 거리만큼 떨어진 곳에 점을 찍어 그린 것이다. 그러나 오른편의 아르키메데스 나선은 9도(각의 크기 변화량)씩 돌아갈 때마다 중심에서의 거리가 10(중심으로부터 거리의 변화량)씩 늘어나도록 점을 찍어 그린 나선이다. 아르키메데스 나선은

$$\frac{중심으로부터의\ 거리의\ 변화량}{시간의\ 변화량} = 일정, \quad \frac{회전한\ 각의\ 변화량}{시간의\ 변화량} = 일정$$

이므로 결국 $\frac{중심으로부터의\ 거리의\ 변화량}{회전한\ 각의\ 변화량} = 일정$ 하다.

❷ 가장 작은 원의 반지름을 30으로 하고 그 원 위에 점을 찍는다.
❸ 9도씩 돌아갈 때마다 반지름이 10씩 늘어난 동심원 위에 점 찍기를 반복한다.
❹ 그러면 회전할 때마다 중심으로부터 멀어지는 속도가 일정하다.
❺ 이 때 회전하는 일정한 각의 크기를 작게 할수록 자연스러운 나선이 그려진다.

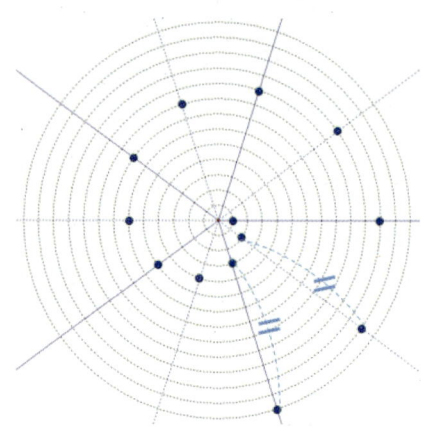

<36도 회전할 때마다 반지름이 10씩 증가하는 나선>

설계하기

❶ 알고리즘

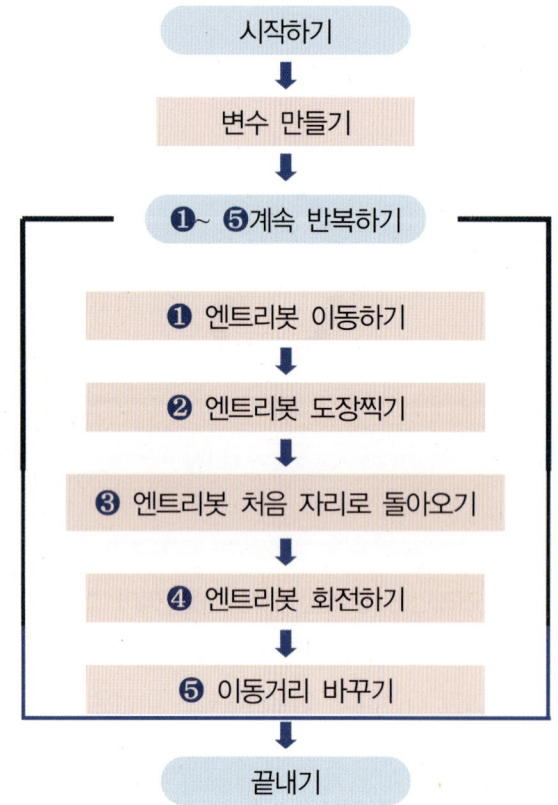

❷ 오브젝트

- 엔트리봇을 제거하기 위해서 실행화면 아래 엔트리봇 아이콘을 선택하고 ⓧ을 클릭한다.
- ┼ 를 클릭하여 검색창에 '원'을 입력한 후 선택하고 적용을 누르면 실행화면에 원 오브젝트가 나타난다.

❸ 변수 만들기

원은 중심에서 모든 점까지의 거리(반지름)가 같지만 나선은 회전함에 따라 중심에서 점까지의 거리(반지름)가 변한다. 이처럼 변하는 수는 변수 만들기를 해야 한다. '반지름'이라는 이름의 변수를 만들자.

블록 조립하기

앞에서 만든 『도장찍기로 원 그리기』 프로그램을 살펴보고 나선을 그리도록 변형해 보자.

나선을 그리기 위해 30도씩 돌아갈 때마다 반지름이 10만큼씩 일정하게 커지도록 하면서 12개의 점을 찍어보자.

❶ 원 오브젝트의 크기를 10으로 하고 원의 중심을 (0,0)에 두자. 이 때 오브젝트의 크기가 원을 그리는 선의 두께를 결정한다.

❷ 나선에서는 반지름이 변해가므로 '반지름'이라는 변수를 만들고 반지름 길이를 30부터 시작한다.

❸ 처음 반지름을 30으로 정하고 오브젝트는 반지름 30만큼 이동하여 점을 찍고 다시 중심으로 돌아온다. 다시 30도 회전하고 반지름을 10만큼 늘려 이동한다. 이 과정을 12번(1바퀴, 360 ÷ 30)반복한다.

<원>　　　　　　　　　　　<아르키메데스 나선>

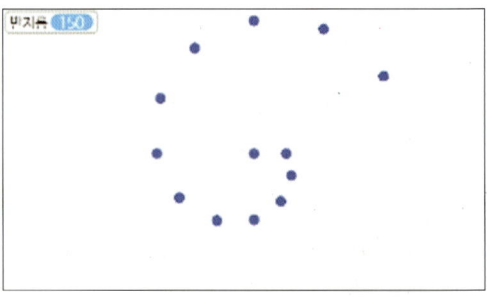

❹ 완성된 블록과 실행 결과는 다음과 같다.

http://naver.me/5Mu7CNEe

잠깐!

- 점의 크기를 줄이고 점의 개수를 더 많이 찍을수록 더 자연스럽고 아름다운 나선 모양이 된다.
- 반지름은 그림의 크기와 관계가 있다.
- 그림이 실행 화면 밖으로 나가지 않도록 그림의 크기와 중심점의 위치를 조절하고 실행한다.

생각해 보기 1

(1) 앞의 나선보다 좀 더 촘촘하게 그리기 위해서 어떤 값을 바꿔야 할까?
(2) 나선 그림이 4바퀴 회전하도록 하려면 반복수를 얼마로 해야할까?

문제 02 정오각형 나선 그리기

먼저 앞장에서 만든 정오각형 그리기 프로그램을 이용하여 아르키메데스 나선과 같이 곡선사이 간격이 일정한 정오각형 나선을 그려보자.

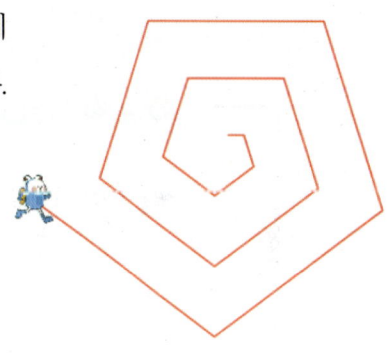

문제 분석하기

이제 정다각형을 그리는 방법을 변형하여 정다각형 나선을 그려보자.

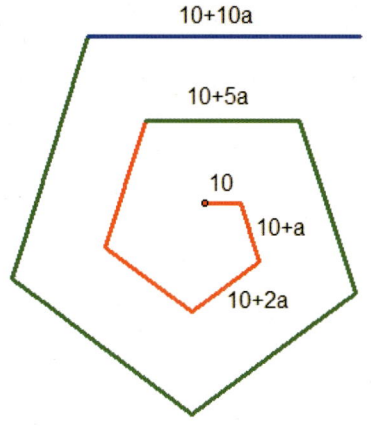
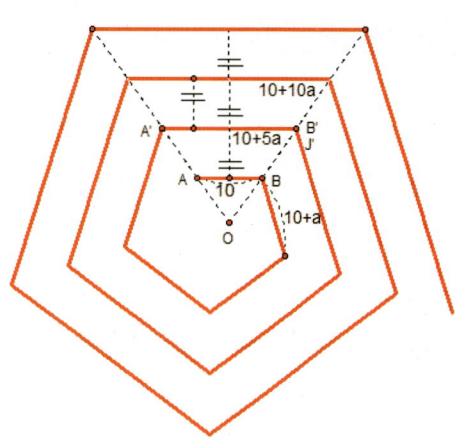

CHAPTER 7 아르키메데스 나선 그리기

❶ 정오각형 모양으로 돌아가는 각 변의 길이는 각이 꺾일 때마다 달라지므로 변수로 정하고 10에서 시작하자.
❷ 오브젝트가 10만큼 이동 후 정오각형 모양을 유지하기 위하여 외각의 크기인 72도 만큼 회전한다.
❸ 변의 길이가 5만큼 늘어난 다음 변(10+5=15)을 그리고 다시 외각의 크기인 72도 만큼 회전한다.
❹ 또 변을 5만큼 늘린 15+5=20 만큼 이동하여 세 번째 변을 그리고 다시 외각의 크기인 72도 만큼 회전한다.
❺ 이런 과정을 계속 반복한다.

설계하기

❶ **알고리즘**

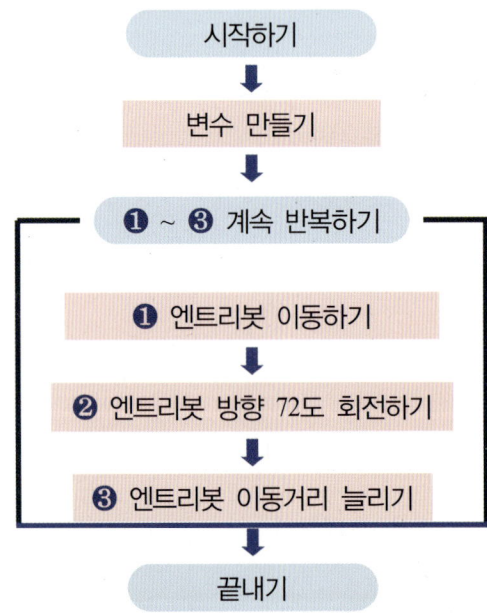

❷ **오브젝트**

- 엔트리봇을 제거한 후 ┌ + ┐ 를 클릭하여 검색창에 '원'을 입력하고 적용을 누르면 실행화면에 원 오브젝트가 나타난다.

❸ **변수 만들기**

변수 만들기에서 변수 이름을 '변의 길이'로 입력하고 확인한다.

블록 조립하기

❶ 변의 길이를 10에서 시작하여 10씩 늘려가면서 오각형 모양을 유지하며 돌아가는 나선 그리기를 16번 반복하면 가장 긴 마지막 변의 길이는 160이다.

---- 처음 변의 길이는 10으로 시작하자.

정오각형을 그릴 때처럼 변의 길이만큼 이동하고 오브젝트 방향을 외각만큼 바꾼다. 그 다음 변의 길이를 10씩 늘려간다. 5번 반복 하는 경우 한 바퀴가 그려진다. 반복회수 16 대신 여러 가지 수를 넣고 실행해 보자.

프로그래밍 실행결과 확인하기

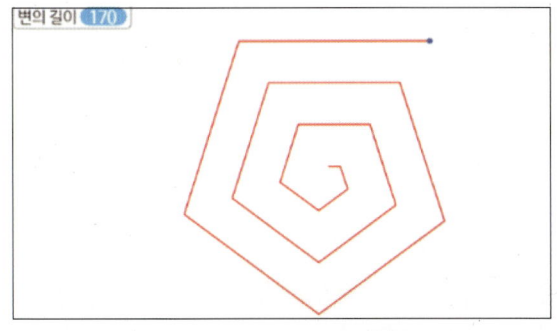

방향을 72도 바꾼 경우

http://naver.me/F3rjoHAI

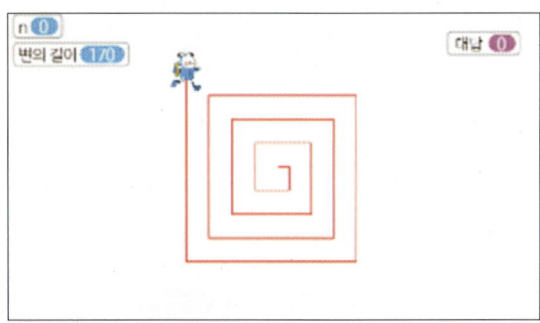

방향을 90도 바꾼 경우

http://naver.me/IMlApNEZ

 잠깐!

- 처음 변의 길이를 10이 아닌 다른 수들로 바꿔가며 실행해 보자. 또 변의 길이를 10이 아닌 다른 수만큼 늘려가면서 실행해 보자. 나선의 크기가 달라질 것이다.

CHAPTER 7 아르키메데스 나선 그리기 | 147

더 나아가기 1 n을 입력할 때마다 정n각형 나선 그리기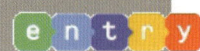

몇 각형 나선을 그릴지 묻고 대답에 따라 정다각형 나선을 그리는 프로그램을 완성해 보자.

블록 조립하고 실행 결과 확인하기

 Step 1

몇 각형인지를 나타내는 변수 n과 변의 길이를 변수로 만든다. 몇 각형을 그릴지 묻고 대답하면 변수 n에 그 대답을 저장하고 변의 길이가 1일 때부터 그리기 시작한다.

 Step 2

변의 길이를 1씩 늘려가면서 n각형 모양으로 한 바퀴 도는 나선을 그린다.

Step 3

중심 둘레를 10바퀴 돌게 하려면 10번 반복한다.

Step 4

이를 완성하면 다음과 같다.

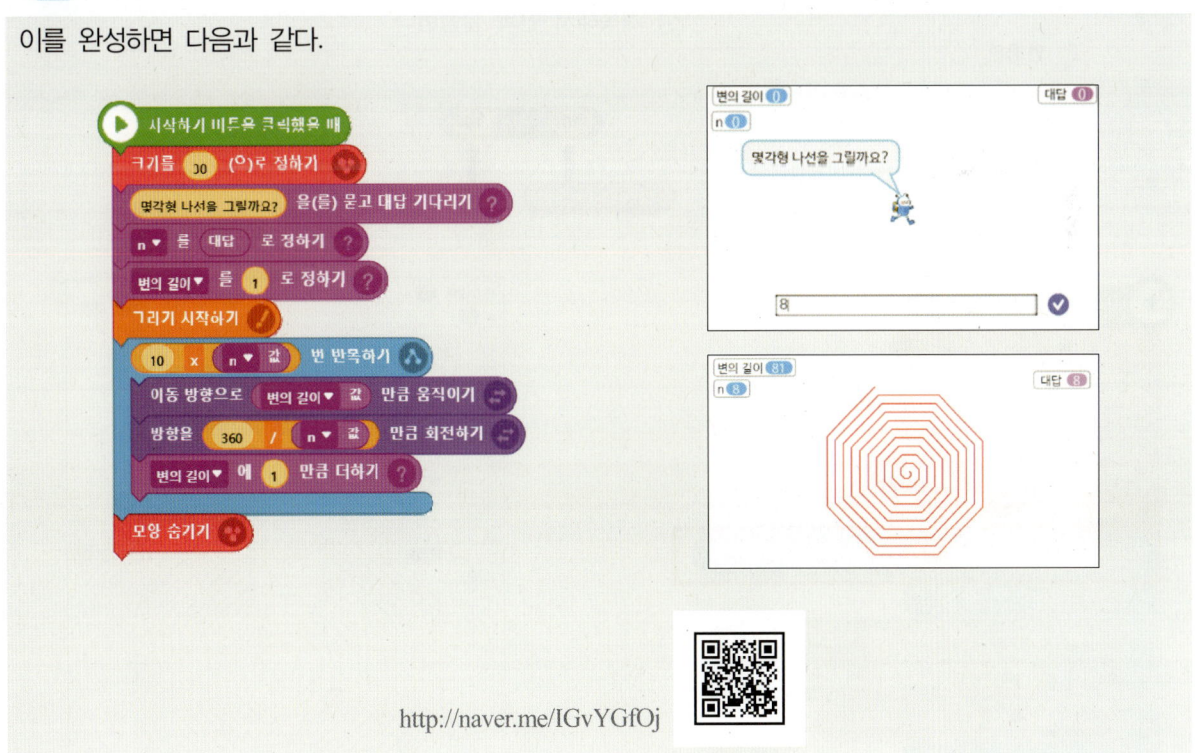

더 나아가기 2 | 한 변의 길이가 130일 때까지 정다각형 나선 그리기

이제 변의 길이가 1에서 시작하여 130이 될 때까지 나선을 그려보자. 변의 길이가 130이 되면 멈추도록 프로그래밍 해 보자.

새로운 블록 준비하기

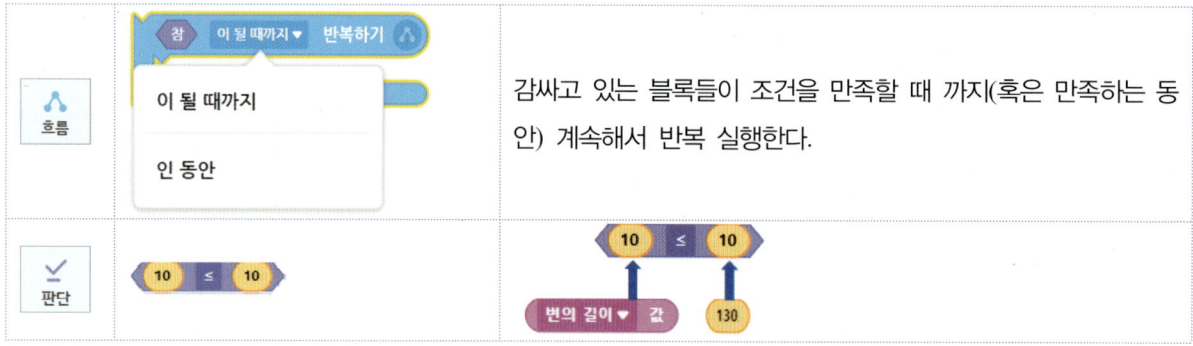

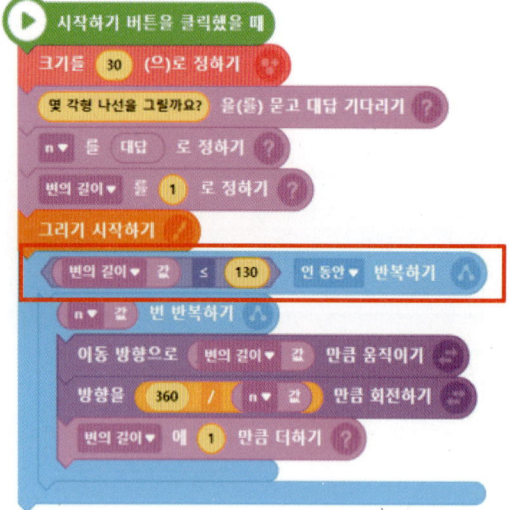

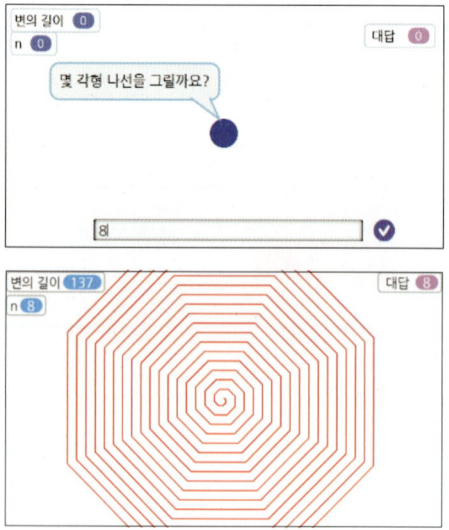

http://naver.me/xaF2ga2Z

 **생각해 보기 2**

위 프로그램에서 정다각형 변의 수 n을 30으로 하고 변의 길이를 0.5에서 시작하여 0.2씩 더하기로 바꿔가며 계속 그려보자. 어떤 모양이 될까? 이때는 정지를 누를 때까지 계속 그린다. 정지하고 싶으면을 을 누른다.

더 나아가기 3 | 정다각형 나선 변형하기

위 프로그램을 다음과 같이 변형해 보자. 정다각형 나선 프로그램에서는 정다각형 모양을 유지하기 위하여 외각 $360/n$만큼 회전한다. 회전 각도를 외각이 아닌 $(360/n)+1$로 바꾸어 보자. 파란색 상자안의 숫자를 바꾼 것은 나선의 줄 간격을 조절하기 위한 것이다. 여러 가지 다른 숫자들을 넣어 실행해 보고 그 변화를 살펴보아라. 재미있는 모양들을 확인할 수 있을 것이다.

프로그램 실행 결과 확인하기

  http://naver.me/xc5BJtZ2

위의 프로그램에서 파란 상자 부분을 바꿔가며 결과를 확인해 보자.

생각해 보기 해답

▶ 생각해 보기 1

빨간 상자안의 값들을 아래와 같이 5도 회전할 때마다 반지름이 0.5씩 바꾸자. 그리고 4바퀴 회전하도록 반복수를 288(1 바퀴는 (360÷5도)번 반복)로 정해보자.

http://naver.me/FqwQHuvd

이 경우 나선은 곡선 사이의 간격이 일정한 아르키메데스 나선이라는 것을 바로 알 수 있다.

CHAPTER 7 아르키메데스 나선 그리기

▶ 생각해 보기 2

다음은 프로그램은 변의 길이를 0.2씩 늘리고 블록  을 이용하여 적당히 반복한 후 일시 정지한 것이다. 결과는 아르키메데스 원 나선처럼 보인다.

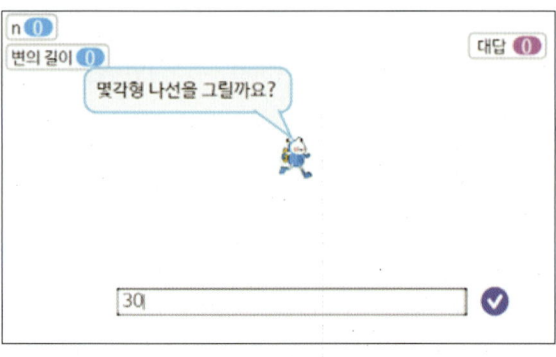

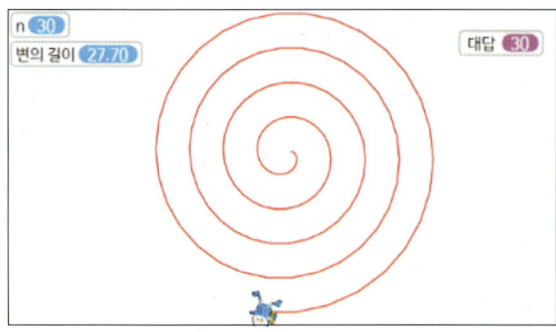

http://naver.me/GNo6UkH0

CHAPTER 08

황금 나선 그리기

CHAPTER 08 황금 나선 그리기

학습 내용
- 수학 - 황금비, 피보나치 수열, 황금 나선, 피보나치 나선, 접선, 삼각비
- 코딩 - 반복, 함수

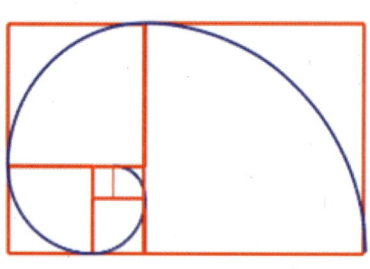

황금 사각형과 황금 나선

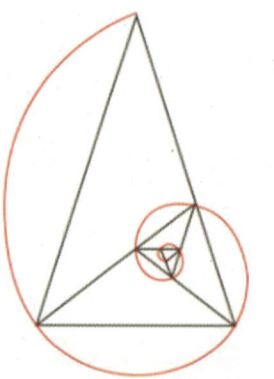

황금 삼각형과 황금 나선

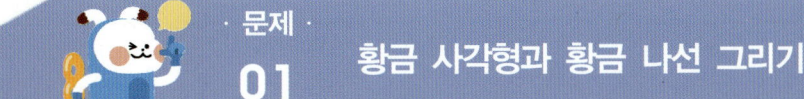
문제 01 황금 사각형과 황금 나선 그리기

피보나치 나선이란 아래와 같이 직사각형을 나누고 있는 정사각형들의 한 변 길이가 피보나치 수열을 이루고 있는 나선으로서, 엄밀히 말하면 황금 나선과 근사할 뿐 황금 나선은 아니다. 나선을 이루는 사분원호의 반지름이 피보나치 수열을 이루고 있다.

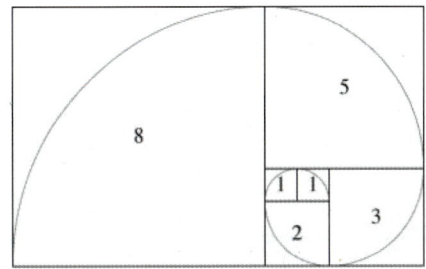

여기서 우리는 피보나치 나선을 그려 보도록 한다.

문제 분석하기

❶ 직사각형안의 정사각형들은 한 변 길이(사분원의 반지름)가 $1, 1, 2, 3, 5, 8, 13, 21, \cdots$ 와 같이 피보나치 수열을 이룬다. 화면에 잘 보이도록 반지름을 10배하여
$$10, 10, 20, 30, 50, 80, 130, 210, \cdots$$
인 그림을 그려보자.

❷ 반지름이 10인 작은 사분원 호부터 반지름이 210인 사분원 호를 그리자.

설계하기

❶ 알고리즘

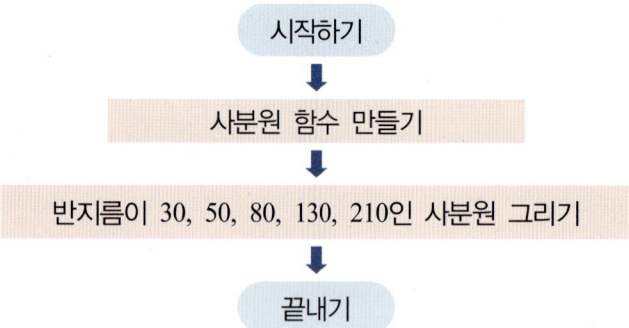

블록 조립하기

❶ 사분원을 그리는 블록은 다음과 같다.

❷ 반지름이 r인 사분원을 그리는 함수를 정의하자.

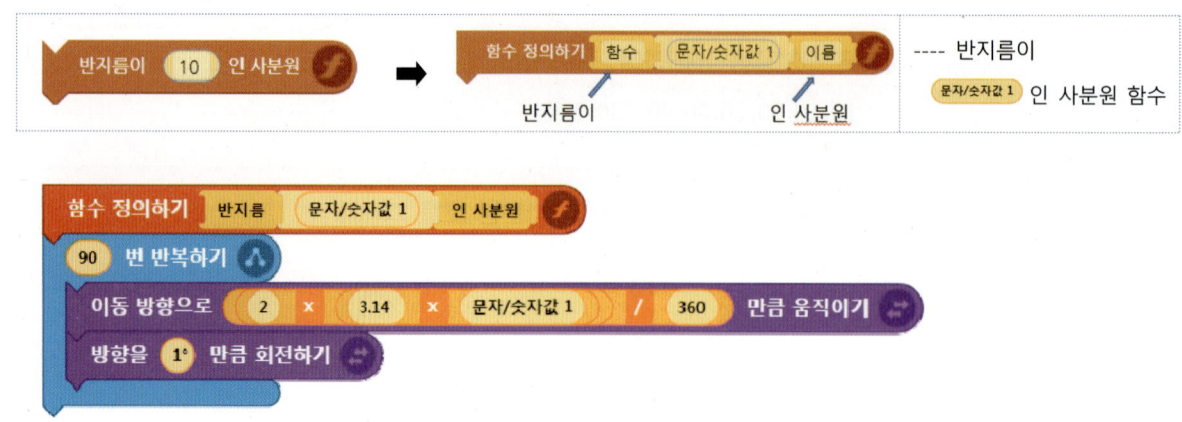

❸ 반지름이 $10, 10, 20, 30, 50, 80, 130$인 사분원을 이어 그린다.

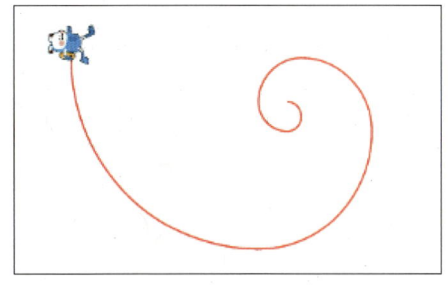

http://naver.me/FfGYWwac

더 나아가기 1   피보나치 수열의 점화식을 이용하여 프로그래밍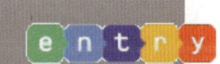

피보나치 수열 $\{f_n\}$은 $f_{n+1}=f_{n-1}+f_n$, $n=1, 2, \cdots$, $f_0=1$, $f_1=1$을 만족하는 수열이다. 즉, 앞의 두 수를 더하여 다음 항을 만든다.

$$1,\ 1,\ 2,\ 3,\ 5,\ 8,\ 13,\ 21,\ \cdots$$

$10, 10, 20, 30, 50, 80, 130 \cdots$의 규칙성을 이용하여 프로그래밍을 해 보자.

 Step 1

앞의 두 수와 그 수를 더한 항을 a와 b, c라는 변수로 만들자.

Step 2

먼저 처음 두 수 a, b를 각각 10이라고 정하고 c는 0이라고 정한다. 반지름이 a, b인 사분원을 그린다.

 Step 3

두 수 a, b를 더한 항을 $c = a + b$라고 정하고 반지름이 c인 사분원을 그린다.

 Step 4

이제 다시 a를 b로 정하고 b를 c로 정한다.

Step 5

마지막 사분원의 반지름 c가 210이하인 동안 이 과정을 반복한다.

Step 6

블록 조립을 완성하고 프로그램을 실행해 보자.

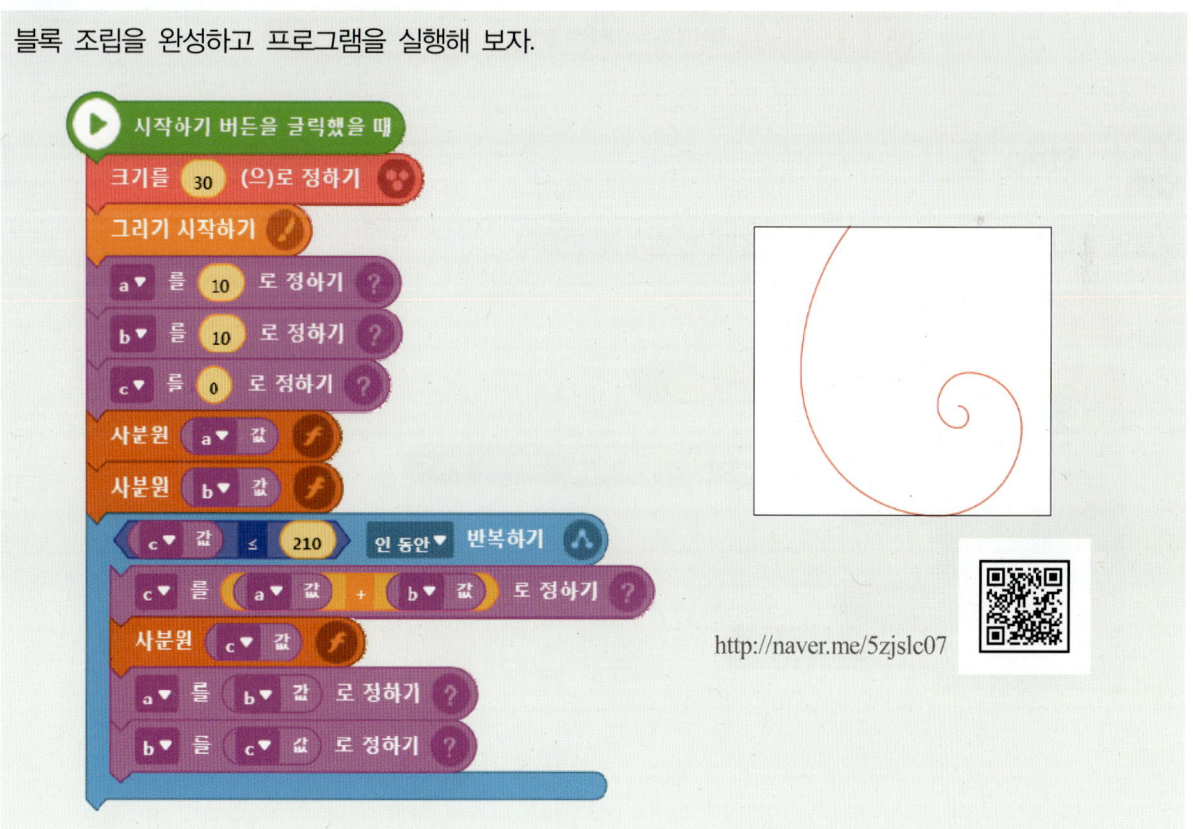

http://naver.me/5zjslc07

더 나아가기 2 | 나선과 함께 사각형도 나타나도록 프로그래밍

피보나치 나선과 함께 사분원을 둘러싼 정사각형도 나타나도록 프로그래밍 해 보자. '반지름이 ⬤인 사분원' 함수는 단순히 사분원만 그린다. 정사각형과 사분원을 동시에 그리도록 함수를 수정해 보자.

Step 1

함수 만들기에 들어가서 함수이름을 '정사각형과 사분원의 반지름이 문자/숫자값 1'라고 정하자.

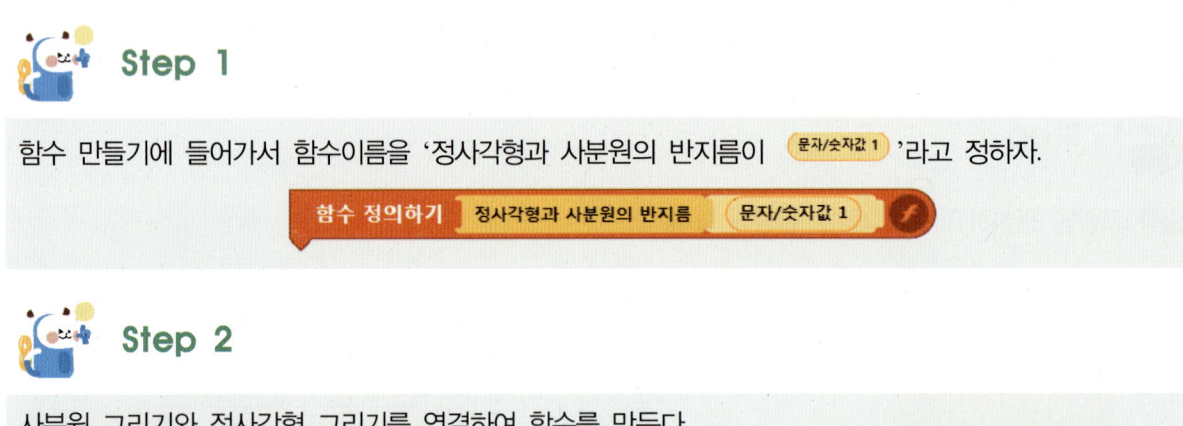

Step 2

사분원 그리기와 정사각형 그리기를 연결하여 함수를 만든다.

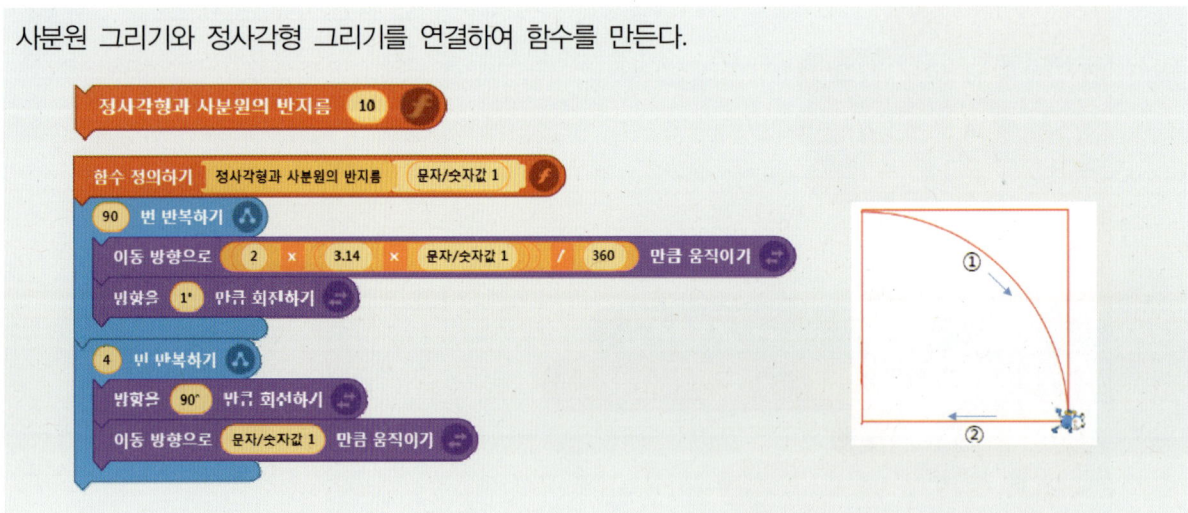

 **Step 3**

이제 피보나치 나선 그리기 프로그램에서 을 정사각형이 보강된 함수 블록 으로 바꿔보자.

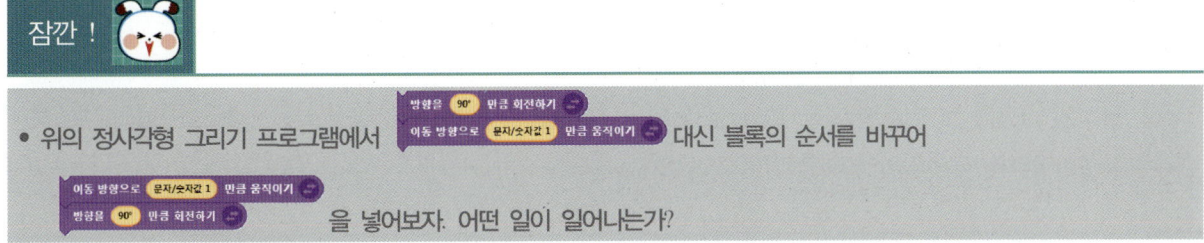

 **Step 4**

그림이 가로로 길게 나타나도록 방향을 90회전한 후 시작하도록 프로그램을 완성하고 오브젝트를 마우스로 끌어 적당한 위치에 놓은 후 실행해 보자.

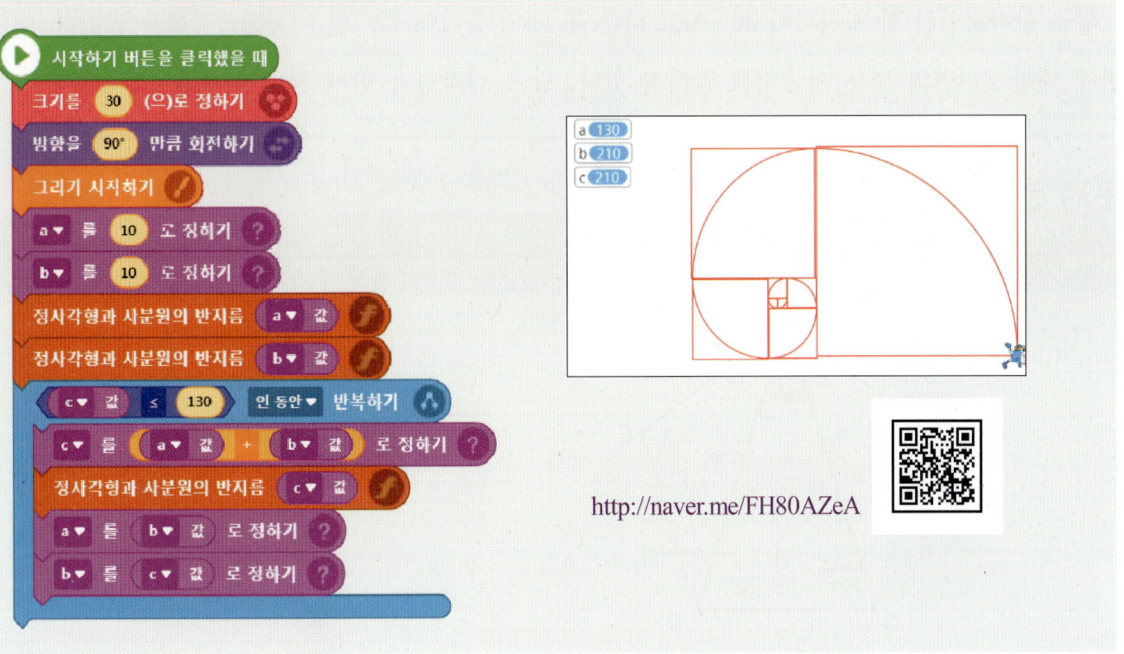

http://naver.me/FH80AZeA

잠깐!

- 위의 프로그램에서 처음에 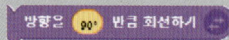 블록을 넣고 실행한 경우와 빼고 실행한 경우를 비교해 보자.

생각해 보기 1

위의 완성된 그림을 보면 사분원과 사분원을 둘러싼 정사각형 사이에 약간의 오차가 생겨 그림이 매끄럽지 못하다. 그 이유는 무엇일까? 이 오차를 줄여보자.

문제 02 · 황금 삼각형과 황금 나선 그리기

황금 삼각형이란 한 꼭지각이 36°이고 다른 두 개의 등각이 72°인 이등변삼각형을 말한다. 이때 짧은 변에 대한 긴 변의 비는 황금비로 알려져 있다. 황금 삼각형과 함께 황금 나선을 그려보자.

문제 분석하기

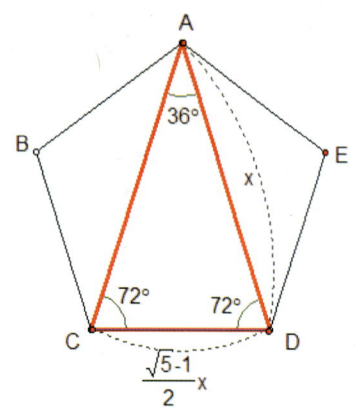 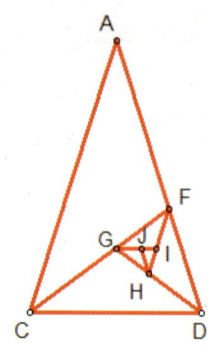

❶ 황금 삼각형은 정오각형에서 한 점과 이웃하지 않은 두 점을 연결하여 만든 것으로서 한 꼭지각은 36도, 나머지 두 개의 등각은 72도이다. 이때

$$\frac{긴\ 변}{짧은\ 변} = \frac{1+\sqrt{5}}{2} = 1.618\cdots, \qquad \frac{짧은\ 변}{긴\ 변} = \frac{\sqrt{5}-1}{2} = 0.618\cdots$$

❷ 삼각형 ACD에서 $CD = CF$가 되도록 점 F를 잡고, 다시 삼각형 CDF에서 $DF = DG$가 되도록 점 G를 잡고, 이와같은 과정을 반복하면 황금 삼각형들이 생긴다. 처음 큰 삼각형의 긴 변을 $AC = 230$이라고 하면 차례로 작은 변들은

$$CD = AF = CF = \frac{\sqrt{5}-1}{2}AC = \frac{230(\sqrt{5}-1)}{2}$$

$$DF = CG = GD = \frac{\sqrt{5}-1}{2}CD = \frac{230(\sqrt{5}-1)^2}{4}$$

$$GF = FH = HD = \frac{\sqrt{5}-1}{2}FD = \frac{230(\sqrt{5}-1)^3}{8}$$

❸ 삼각형 ACF도 밑변과 등변의 비가 작은 황금비 $\frac{\sqrt{5}-1}{2} = 0.618\cdots$로서 작은 황금 삼각형이라고 한다.

설계하기

❶ 알고리즘

- 점 A에서 시작하여 그리는 순서는 작은 황금 삼각형 ❶을
  $AC - CF - FA - $ 원호AC(반지름AF)순으로 그리고 반지름을 $CG, HD, IF \cdots$ 으로 바꿔가며 같은 방법으로 작은 황금 삼각형 그리기를 되풀이한다.

- 작은 황금 삼각형 그리기를 마치면 오브젝트는 CZ방향을 향하고 있으므로 다음 작은 황금 삼각형 ❷를 그리려면 반시계방향으로 54도(-54도)를 회전하고 시작해야한다.

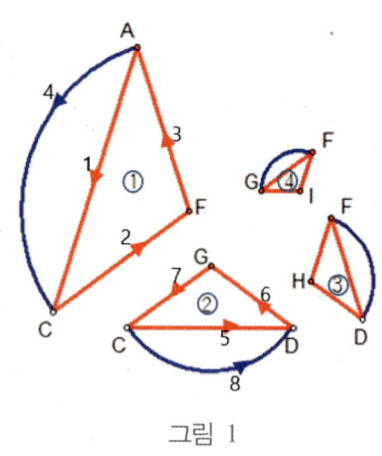
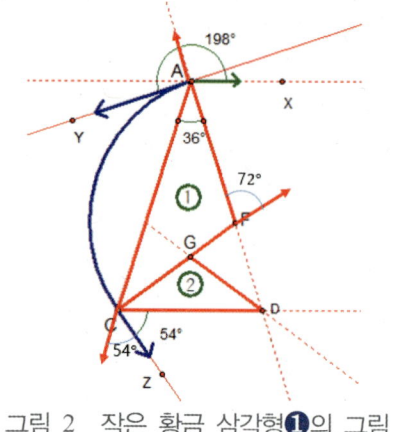

그림 1   그림 2 작은 황금 삼각형❶의 그림

❷ 변수 만들기

처음 시작하는 삼각형의 긴 변의 길이를 변수 a라고 하고 변의 길이가 230에서 시작하기로 하자.

블록 조립하기

❶ 그림 2에서 처음 엔트리 붓은 A에서 X를 향하고 있다. AC를 그릴 수 있도록 시계 방향으로 108도만큼 회전하고 $AC = 230$만큼 움직인다.

❷ 선분 AC를 그린 후 오브젝트는 AC의 진행 방향을 향하고 있으므로 선분 CF를 그릴 수 있도록 −144도 회전하고 $CF = \dfrac{\sqrt{5}-1}{2} AC = \dfrac{230(\sqrt{5}-1)}{2}$만큼 이동한다.

❸ 다시 AF를 그리기 위해서 −72도를 회전하고 $AF = \dfrac{\sqrt{5}-1}{2} AC = \dfrac{230(\sqrt{5}-1)}{2}$만큼 이동한다.

❸ 이제 원 호를 그리자. 반지름이 AF인 원호를 그리기 위해서 엔트리 봇은 그리고자 하는 원 호의 접선 방향을 향해야 한다. 원의 접선 방향은 반지름과 수직인 방향이므로 F에서 A로 진행하고 멈춘 엔트리봇은 -90도를 회전한 후 원호를 그릴 준비를 한다.

❹ 이제 반지름이 $AF = \dfrac{\sqrt{5}-1}{2} AC = \dfrac{230(\sqrt{5}-1)}{2}$ 이고 중심각은 108도인 원 호를 그리자. 이때 -1도 회전할 때 움직이는 거리는 $\dfrac{2\pi(반지름)}{360}$, 즉,

$$\dfrac{2\pi AF}{360} = \dfrac{2\pi}{360} \times \dfrac{230\sqrt{5}-1}{2} = \dfrac{230\pi(\sqrt{5}-1)}{360}$$

❺ 긴 변이 230인 작은 황금 삼각형 ❶과 원호를 그리는 블록 묶음은 다음과 같다.

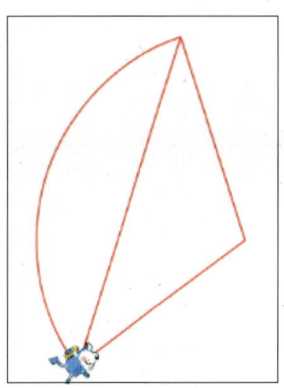

http://naver.me/GptzfyyO

❻ 이와 같은 긴 변의 길이를 바꾸면서 작은 황금 삼각형을 반복하여 그릴 경우 코딩의 길이는 매우 길어진다. 따라서 이 긴 변의 길이가 230인 작은 황금 삼각형과 원호를 그리는 블록 묶음Ⓐ에서 230 대신 변수 문자/숫자값 1 를 넣어 함수Ⓑ를 만들자.

Ⓐ

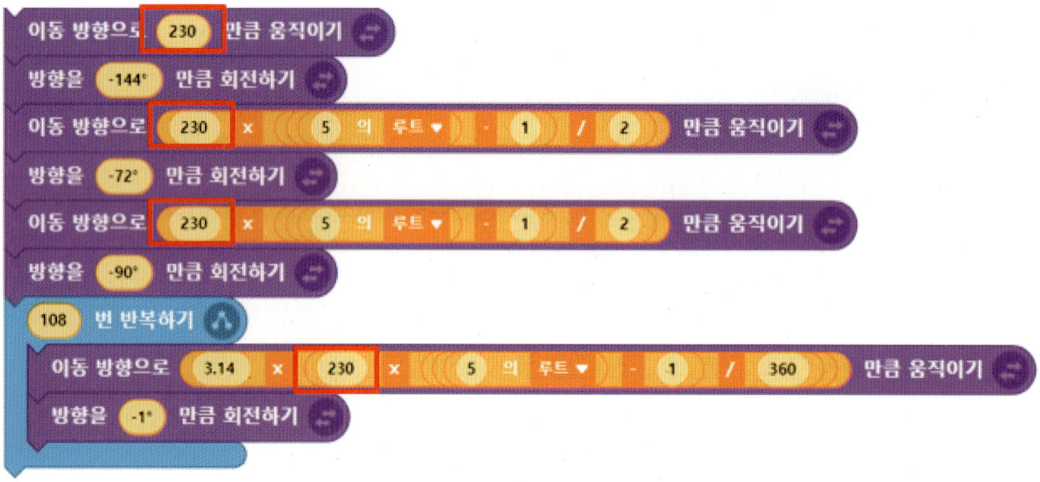

Ⓑ

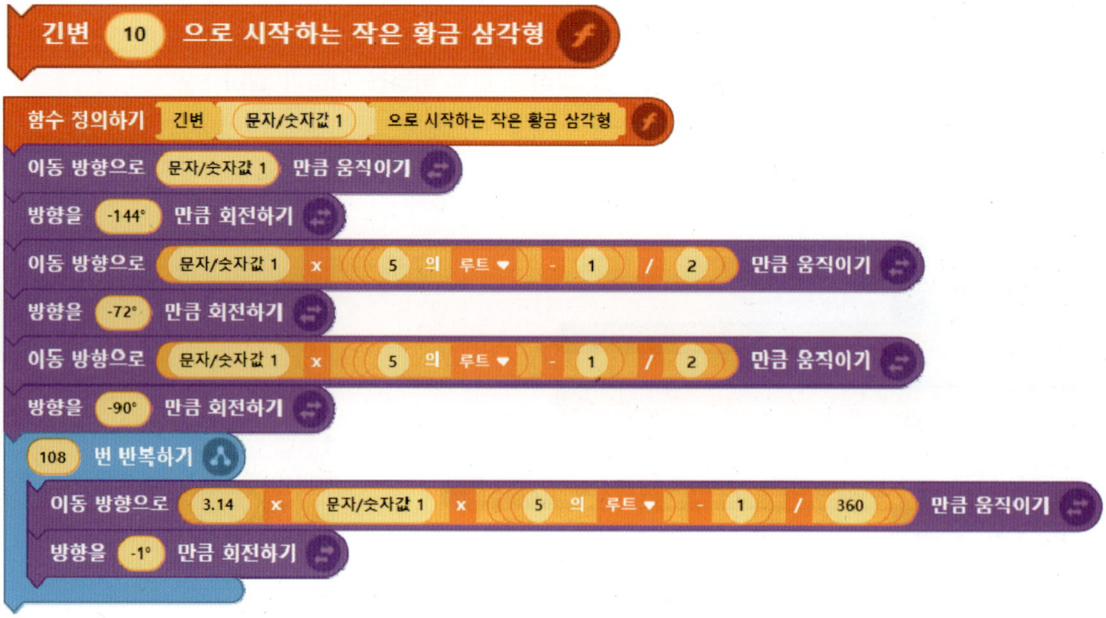

❼ 이제 코딩은 간단한 형태로 바뀐다.

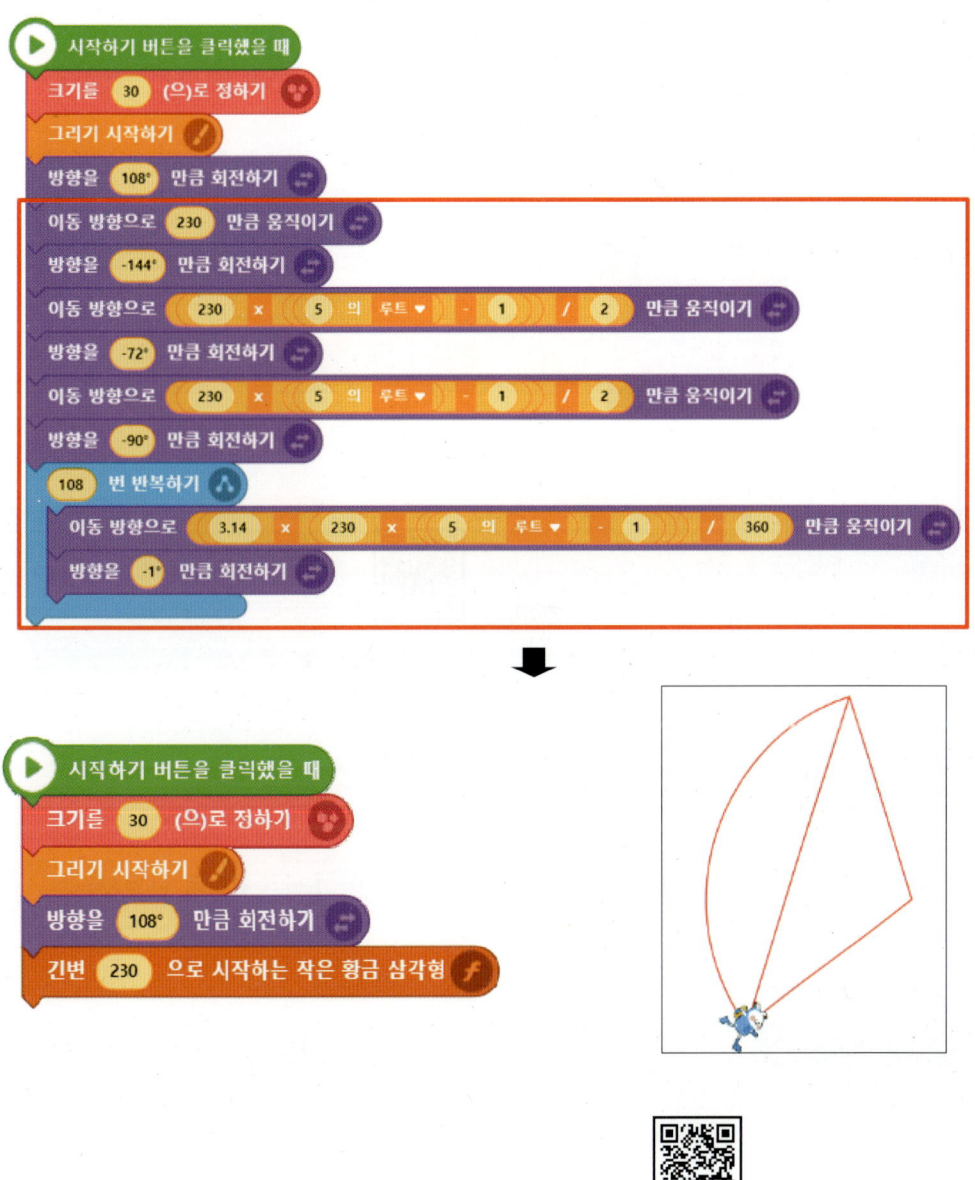

http://naver.me/FctWu4Gp

❽ 작은 황금 삼각형의 긴 변의 길이를 230에서 시작하여 10으로 줄어들 때까지 이를 반복하자. 그러기 위해서 긴 변의 길이를 변수 a로 만들자. 이 때 긴 변의 길이가 a인 작은 황금 삼각형과 원호를 그리고 나서 다음 작은 황금 삼각형과 원호를 그리기 위해서는 긴 변의 길이를 다시 반시계 방향으로 54도(-54도)만큼 회전해야 함에 주의 하자. 이 때 다시 그릴 삼각형의 긴 변 길이는 $\frac{\sqrt{5}-1}{2} \times a$이다.

http://naver.me/xgYEub1x

 **생각해 보기 2**

황금 삼각형을 이용한 나선 그리기에서 삼각형이 나타나지 않고 나선만 그리는 코딩을 해보자.

 **생각해 보기 3**

『황금 나선 그리기』 프로그램을 이용하여 다음 무늬 그리기에 도전해 보자.

http://naver.me/FiNcztgc

생각해 보기 해답

➡ **생각해 보기 1**

위의 완성된 그림을 보면 사분원과 사분원을 둘러싼 정사각형사이에 약간의 오차가 생겨 그림이 매끄럽지 못하다. 좀 더 자연스럽게 그려지도록 해 보자.

❶ 함수를 정의할 때 좀 더 정밀하게 3.14대신 3.1415를 넣고 빈칸의 수를 조정한 후 프로그램을 실행해 보자.

❷ 정사각형의 색깔과 나선의 색깔을 바꾸기 위해서 붓 색깔을 지정하여 함수에 추가해 보자.

❸ 완성된 프로그램과 실행결과는 다음과 같다.

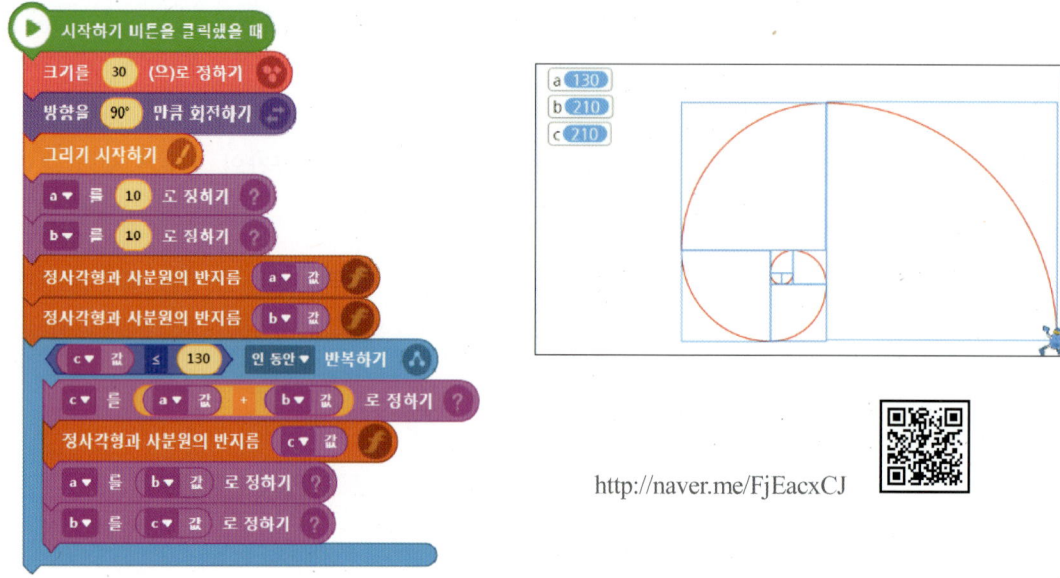

▶ **생각해 보기 2**

http://naver.me/GwFjIQd3

▶ 생각해 보기 3

 Step 1

황금 사각형을 이용한 『황금 나선 그리기』 프로그램을 이용하자. 다음은 반지름이 문자/숫자값 1 인 사분원을 그리는 함수이다.

 Step 2

나선을 네 번 그려야하므로 왼쪽의 나선 그리기 블록묶음을 함수로 만들자. 나선의 크기를 조정하기 위해 a, b를 3으로 정한다. 피보나치 수열과 같은 규칙을 가지면서 초항이 3인 수열

3 3 6 9 15 24 39 63

로 나선을 그리는 함수를 만든다. 이때 하나의 나선을 그린 후 다음 나선을 그리기 위해서 이동을 해야하기 때문에 그리기 멈추기 블록을 추가한다.

Step 3

- 점 o를 $(0,0)$으로 하고 점 a에서 시작하기 위해 x좌표를 $\sqrt{1224}\cos 30°$ y좌표를 $\sqrt{1224}\sin 30°$이라 정하자. 이때, $\frac{18}{30}=0.6 ≒ \tan 30°$이므로 세타를 $30°$로 정한다. 30과 18이 되는 이유를 생각해 보라.
- 다음 나선의 출발점을 처음 나선의 출발점에서 $-90°$ 회전한 것이므로 세타를 $-60°$로 정한다. 그리고 이동 방향도 $-90°$만큼 회전한다.
- 이와 같은 과정을 반복하여 코딩한다.

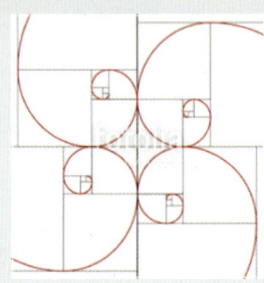
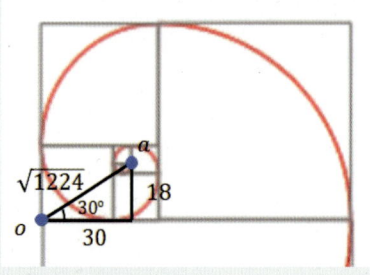

 Step 4

오브젝트 크기를 20으로 정하고 나선을 네 개를 그려 그림을 그리기 위해 x, y좌표를 이동시켜 프로그램을 완성한다. 그리고 실행 결과는 다음과 같다.

수학 개념 정리

- 황금비란 아래 그림에서 나타난 선분들 사이의 비 $\dfrac{x+1}{x} = \dfrac{x}{1} = 1.618\cdots$를 말한다.

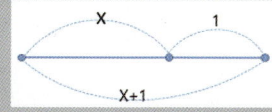

- 피보나치 수열 $\{f_n\}$은 $f_{n+1} = f_{n-1} + f_n$, $n=1,2,\cdots$, $f_0 = 1$, $f_1 = 1$을 만족하는 수열로서 $1, 1, 2, 3, 5, 8, 13, 21 \cdots$ 이다.

- 인접하는 두 항 사이의 비 $\dfrac{f_{n+1}}{f_n}$은 n이 무한히 커짐에 따라 황금비 $1.618\cdots$로 수렴한다는 것이 알려져 있다.

- 황금 나선이란 극방정식 $r = ae^{b\theta}$ (r : 중심으로부터의 거리, θ : x의 양 축으로부터 잰 각)를 만족하는 로그 나선의 특별한 경우이다. 아래 나선 (1)은 피보나치 수열을 이용한 나선으로 정확히 황금 나선과 일치하지는 않지만 황금 나선과 근사하므로 보통 황금 나선이라고도 한다.

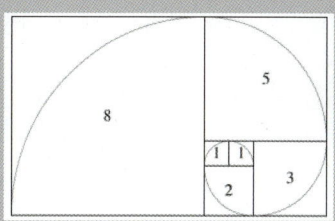	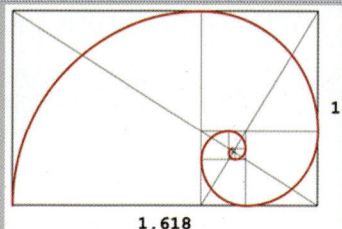	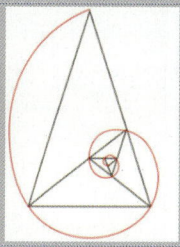
(1) 가로와 세로가 피보나치 수열의 인접한 두 항인 사각형을 이용하여 그린 나선	**(2)** 가로와 세로의 비가 황금비인 황금 사각형을 이용하여 그린 나선	**(3)** 빗변과 밑변의 비가 황금비인 이등변삼각형을 이용하여 그린 나선

CHAPTER 09

별 다각형 그리기

CHAPTER 09 별 다각형 그리기

- 수학 - 내각, 외각, 평면좌표, 최대공약수, 외접원
- 코딩 - 반복, 변수, 함수, 조건을 포함한 반복

별 다각형이란 별 모양의 다각형을 말한다. 아래의 다각형들과 같이 모든 변의 길이가 같고, 모든 각이 같으며 변들이 서로 규칙적으로 교차하여 만들어진 다각형을 정규 별 다각형(Regular Star Polygon)이라고 한다. 여기서 별 다각형이라고 함은 정규 별 다각형을 의미하는 것으로 한다. 유형은 $\left\{\dfrac{q}{p}\right\}$ 또는 (q,p) 로 표기하며, (q,p) 표기에서 q는 정다각형의 꼭짓점의 수를 말하고 p는 별 다각형의 한 꼭짓점과 그 꼭짓점에서 p번 건너 뛴 꼭짓점을 연결한다는 것을 의미한다.

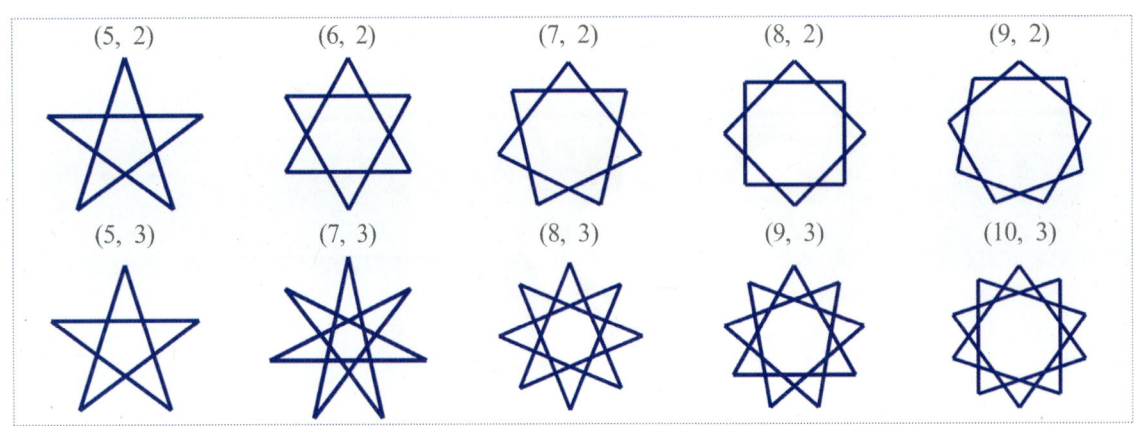

문제 01 변의 길이가 정해진 (8,3) 타입의 별 다각형 그리기

   한 붓 그리기란 연필을 종이에서 떼지 않고, 동일한 선을 두 번 이상 지나지 않도록 선을 그리는 것으로 그래프 이론에서 오일러 경로(Euler Path)라고 한다. 한 붓 그리기 방식으로 변의 길이가 200인 (8,3) 타입의 별 다각형을 그리는 코딩을 해 보자.

문제 분석하기

❶ (8,3) 타입의 별 다각형의 변의 수는 몇 개일까?

> 8개

❷ 별 다각형을 그리기 위해서 필요한 요소는 무엇일까?

> 한 변의 길이와 외각

❸ (8,3) 타입의 별 다각형에서 한 꼭지각은 얼마일까?

> 45도

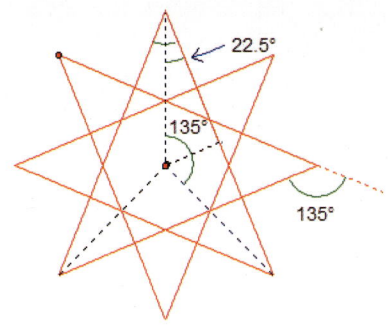

❹ (8,3) 타입의 별 다각형의 외각은 $180 - 45 = 135$도이다.

설계하기

❶ 알고리즘

한 변 길이가 200인 별 다각형을 그리는 절차를 그림으로 나타내 보자.

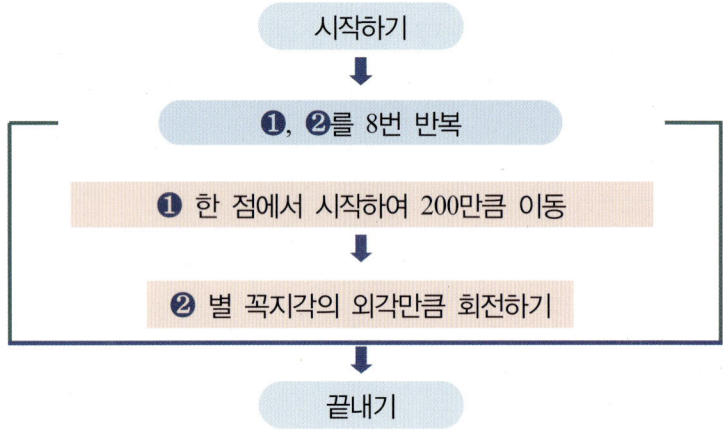

블록 조립하고 실행하기

❶ 별 다각형을 그리기 위하여 200만큼 이동하고 다음 변을 그리기 위하여 외각 135도만큼 회전하는 것을 8번 반복한다.

 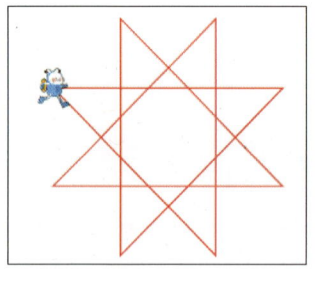

http://naver.me/xkBnZORU

더 나아가기 1 반지름이 정해진 (8,3) 타입의 별 다각형 그리기

별 다각형을 그리기 위해서는 변의 길이와 외각을 알면 그릴 수 있다. 또 중심으로부터 한 꼭짓점에 이르는 거리(외접원의 반지름으로서 그냥 반지름이라고 하자)가 주어지면 한 변의 길이를 구할 수 있다.

 **Step 1**

반지름이 100으로 주어진 경우 (8,3) 타입의 별 다각형 변의 길이는 얼마일까?

$$AD = 2 \times 100 \cos 22.5$$

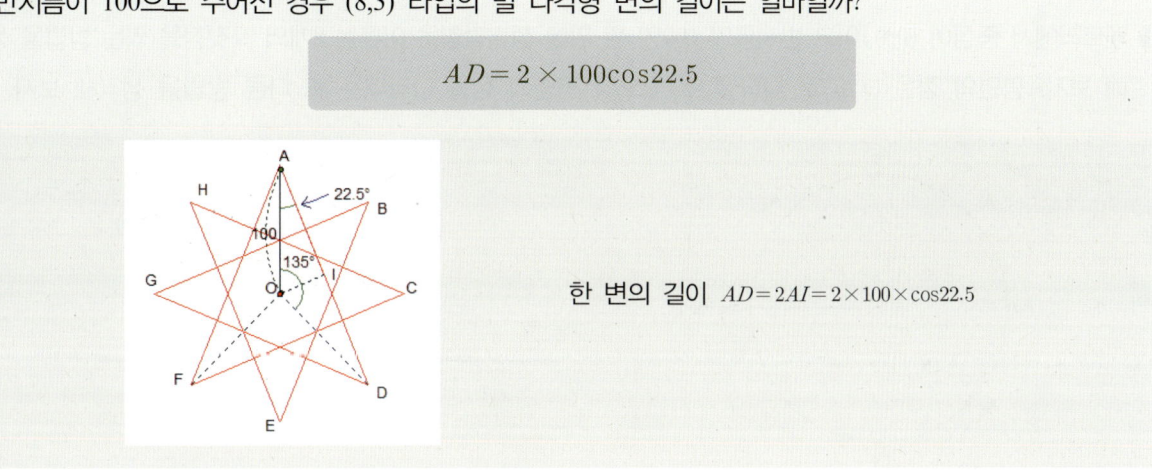

한 변의 길이 $AD = 2AI = 2 \times 100 \times \cos 22.5$

 Step 2

이제 앞의 정8각형 그리기 프로그램을 수정하여 원하는 프로그램을 만들 수 있다.

http://naver.me/GFG1o7l2

문제 02 좌표 이동으로 (8,3) 타입의 별 다각형 그리기

이제 또 다른 방법인 좌표이동으로 (8, 3)타입의 별 다각형 그리기 프로그램을 완성해 보자.

문제 분석하기

❶ 엔트리에서 중심이 $(0,0)$이고 반지름이 100인 원 위에 정팔각형을 이루는 8개의 꼭짓점을 찍는 방법을 생각해 보자. 평면의 점은 (x,y)로 나타낼 수 있으나 평면의 점을 나타내는 또 다른 방법을 생각해 보자.

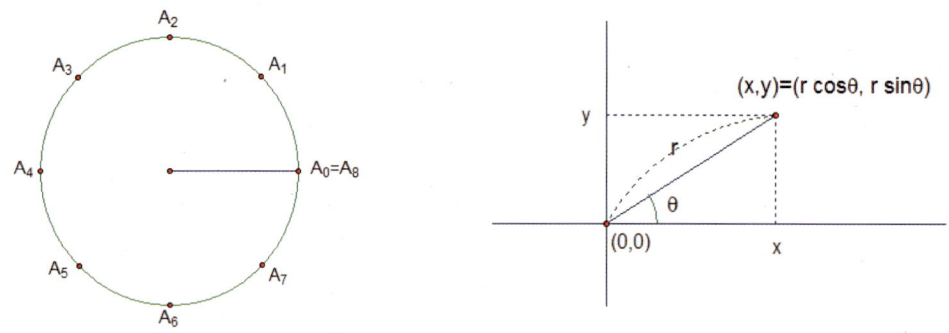

❷ 정팔각형의 8개 꼭짓점 $A_0, A_1, A_2, \cdots, A_7$ 좌표를 나타내 보면 다음과 같다.

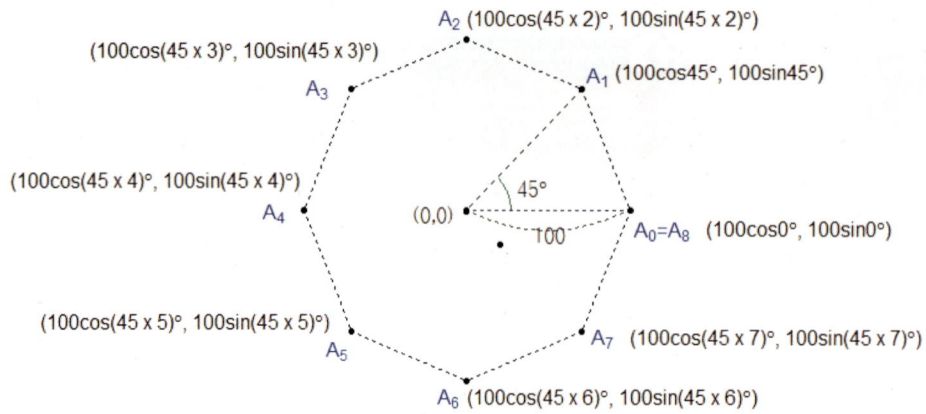

❸ $(8, 3)$타입의 별 다각형을 그리기 위해 A_0에서 A_3로 이동하여 가면 된다. 즉, 점 A_0에서 시작해서 점 A_3로, 점 A_3에서 점 A_6로 .... 이동해 가면서 8개의 변을 그린다.

$$A_0 \overset{\text{선분1}}{-} A_3 \overset{\text{선분2}}{-} A_6 \overset{\text{선분3}}{-} A_9 \overset{\text{선분4}}{-} A_{12} \overset{\text{선분5}}{-} A_{15} \overset{\text{선분6}}{-} A_{18} \overset{\text{선분7}}{-} A_{21} \overset{\text{선분8}}{-} A_{24}$$

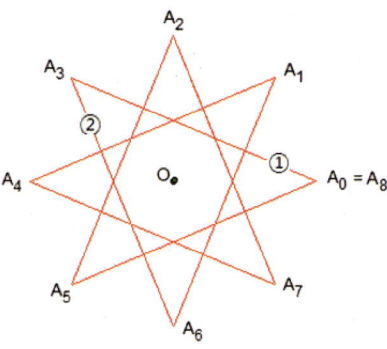

이때 $A_8 = A_0$, $A_9 = A_1$, $A_{10} = A_2$, $\cdots A_{23} = A_7$, $\cdots$ 이다.

❹ 점 A_0에서 시작하여 3씩 건너서 8개의 변을 그리기 위해서는 A_n일 때까지 계속해야한다. 이때 n은 어떤 수일까?

> $n = 24$는 3과 8의 최소공배수이다

설계하기

❶ 알고리즘

문제를 해결하는 방법을 그림으로 나타내 보자.

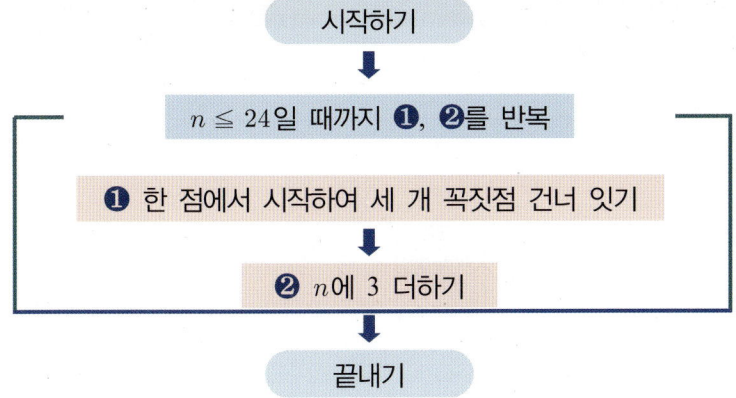

❷ 꼭짓점 좌표는 $A_n = (100\cos(45 \times n)°, 100\sin(45 \times n)°)$ 꼴이므로 몇 번째 꼭짓점인지를 나타내는 변수 'n'을 만든다.

블록 조립하기

❶ 점 $A_n(100\cos(45 \times n)°, 100\sin(45 \times n)°)$으로 이동하고 세 번째 점 $A_{n+3}(100\cos(45 \times (n+3))°, 100\sin(45 \times (n+3))°)$까지 선분을 그을 준비를 한다.

❷ $n = 0$에서 시작한다. 점 $A_0(100\cos(45 \times 0)°, 100\sin(45 \times 0)°)$으로 이동하고 세 번째 점 $A_3(100\cos(45 \times 3)°, 100\sin(45 \times 3)°)$까지 선분을 긋고 다시 그 다음 세 번째 점 $A_6(100\cos(45 \times 6)°, 100\sin(45 \times 6)°)$까지 선을 긋고 … 이것을 $n = 24$일 때까지 반복한다.

❸ 블록 조립을 완성하고 실행해 보자.

http://naver.me/FsPsO0za

생각해 보기 1

(1) (8,3) 타입의 별 다각형과 (8,5) 타입의 별 다각형을 비교해보자.
(2) 이유를 말해 보자.

생각해 보기 2

앞에서 (8,3) 타입의 별 다각형을 한붓그리기 형태로 그리는 코딩을 해 보았다. 같은 방법으로 서로소가 아닌 두 수 8,2에 대해 (8,2) 타입의 별 다각형 그리기를 할 수 있는지 알아보자.

· 문제 ·
03   서로소인 p, q가 주어질 때마다 (q,p)타입 별 다각형 그리기

문제 01에서 한 변의 길이가 200인 (8,3) 타입의 별 다각형 그리기 프로그램을 완성하였다. 이 프로그램을 수정하여 서로소인 p, q가 주어질 때 한 변 길이가 200인 (q, p)타입의 별 다각형을 그려보자.

문제 분석하기

❶ (q, p) 타입의 별 다각형의 변의 수는 모두 q개 이다.

❷ (q, p) 타입의 별 다각형의 모든 변의 길이는 (같다).

❸ (q, p) 타입의 별 다각형의 한 꼭지각은 ($180 \times (1 - \frac{2p}{q})$)도이다.

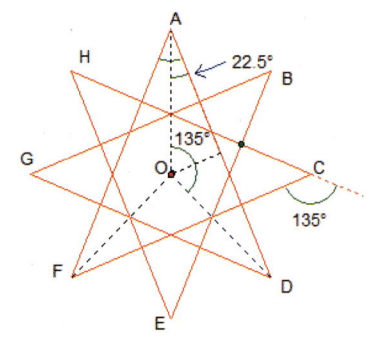

$$\text{중심각 } AOD = 360 \div q \times p = \frac{360p}{q}$$

삼각형 AOD는 이등변 삼각형

$$\text{각 } OAD = \text{각 } ODA = (180 - \frac{360p}{q}) \div 2 = 90 \times (1 - \frac{2p}{q})$$

$$\text{꼭지각 } FAD = 90 \times (1 - \frac{2p}{q}) \times 2 = 180 \times (1 - \frac{2p}{q})$$

❹ (q, p) 타입 별 다각형의 외각은 $180 - (\text{꼭지각}) = 360 \times \frac{p}{q}$ 도이다.

설계하기

❶ 알고리즘

한 변 길이가 200인 별 다각형을 그리는 절차를 그림으로 나타내 보자. 먼저 두 개의 변수가 필요하다.

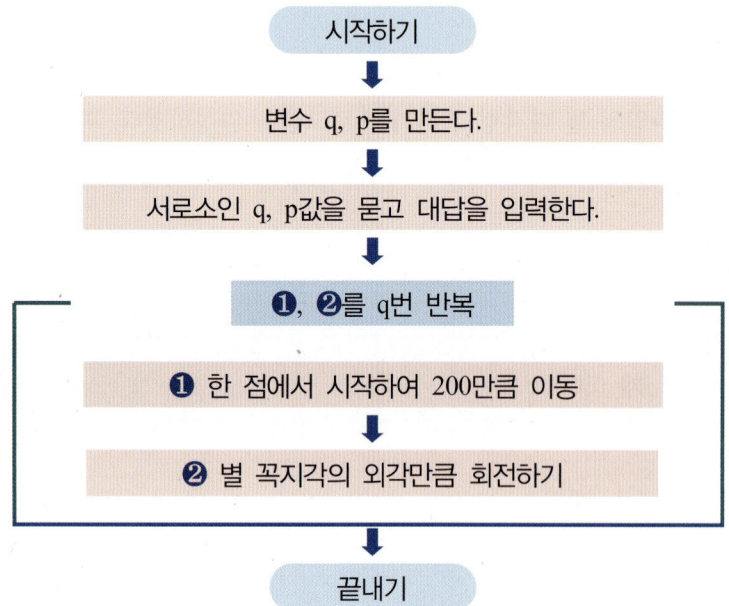

블록 조립하고 실행하기

❶ 서로소인 q, p값을 묻고 대답을 입력한다.

❷ 한 꼭짓점에서 시작하여 200만큼 이동한 후 외각의 크기인 $\dfrac{360p}{q}$만큼 회전하기를 q번 반복하여 완성한다. 오브젝트를 마우스로 끌어 적당한 위치에 옮겨놓고 실행해 보자.

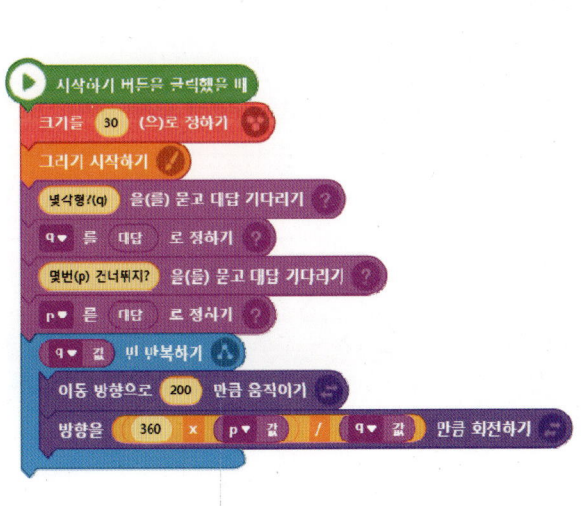
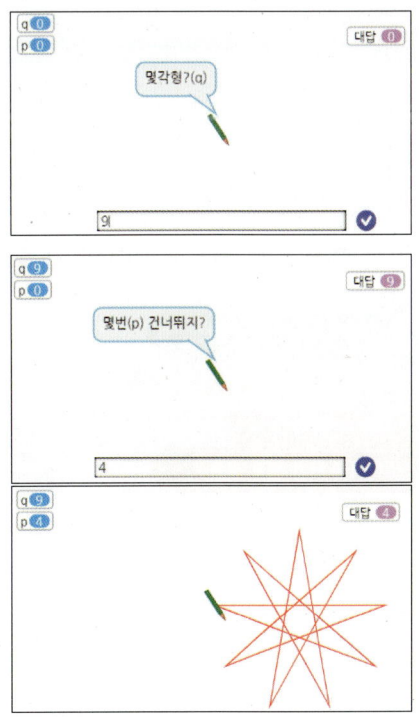

http://naver.me/xjfcj60u

더 나아가기 2   함수를 이용하여 (q,p)타입 별 다각형 그리기 1

문제 01에서 q,p가 서로소일 때 한 변 길이가 200인 (q,p) 타입의 별 다각형을 그렸다. 함수를 이용하여 이 프로그램을 간단히 만들어 보자.

 Step 1

별 다각형을 그리는 아래 블록모음에서 q, p 대신 변수 을 넣고 하나의 함수 블록을 만든다.

 Step 2

이 함수 블록을 써서 $(9,5)$타입의 별 다각형 그리기 코딩을 간단히 해 보고 이를 실행해 보자. 마우스로 연필의 중심점을 끌어 연필 끝으로 이동한 후 실행해 보자.

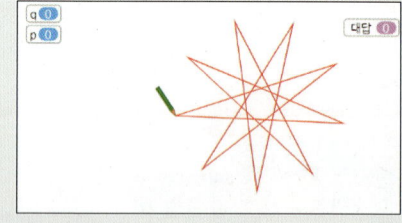

http://naver.me/5mO0wpOf

더 나아가기 3   함수를 이용하여 (q, p)타입 별 다각형 그리기 2

문제 02에서 q, p가 서로소인 경우 반지름이 100인 (q, p)타입의 별 다각형을 그렸다. 함수를 이용하여 이 프로그램을 간단하게 만들어 보자.

 ## Step 1

q, p와 관련 있는 부분은 다음 네모 안의 수이다.

Step 2

따라서 q, p가 서로소인 경우, 반지름이 100인 (q,p)타입의 별 다각형을 그리는 프로그램은 함수를 이용하면 간단히 나타낼 수 있다.

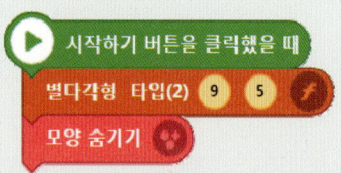
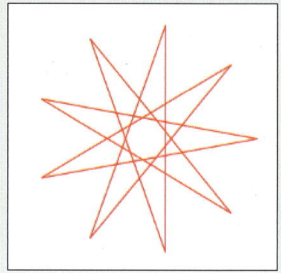
http://naver.me/5qsjnNdG

 **생각해 보기 3**

(1) 20과 12는 서로소가 아니다. 위의 프로그램으로 $(20, 12)$타입의 별 다각형을 그리면 어떻게 될까?
(2) $(20, 12)$타입의 별 다각형을 잘 살펴보면서 특징을 찾아보자.
(3) $(20, 12)$타입의 별 다각형을 완성하려면 어떻게 해야 할까?

 **문제 04** p, q가 주어질 때마다 (q, p)타입 별 다각형 그리기

 임의의 수 q, p (서로소가 아닐 수도 있음))에 대하여 (q, p)타입의 별 다각형을 그리는 프로그램을 작성해 보자.

문제 분석하기

❶ q, p의 최대공약수를 k라고 하면 $q' = \dfrac{q}{k}, p' = \dfrac{p}{k}$라고 하면 q'과 p'은 서로소이다.

❷ 따라서 (q,p)타입 별 다각형을 그리기 위해서는 한 점에서 시작하여 (q', p')타입의 별 다각형을 그리고 다시 $\frac{360}{q}$도 만큼 회전한 점에서 시작하여 다음 (q', p')타입의 별 다각형을 그리는 것을 k번 반복한다.

설계하기

❶ 알고리즘

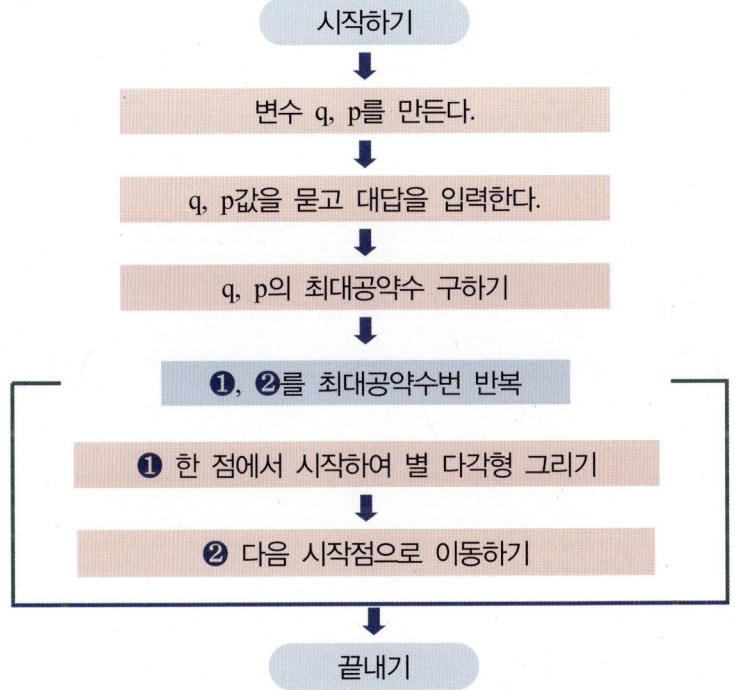

❷ 변수 만들기
- 어떤 타입인지 묻는 변수 q, p를 만든다.
- '최대공약수'라는 변수를 만든다.

블록 조립하기

❶ 주어진 임의의 두 수 q, p $(q > p)$의 최대공약수를 구하는 함수를 만들자. 두 수를 변수 $k = 1, 2, 3, \cdots p$로 차례로 나누어 두 수 모두 나누어지면 그 k를 최대공약수로 정한다.

❷ 이제 (q, p)타입의 별 다각형을 그리기 위해서 변수 q, p를 만들고 q, p를 물어 정한다.

❸ q, p가 정해졌으므로 별 다각형 그리기 함수에 넣어 그려보면 점$O(r = 0)$에서 시작하여 $(5, 3)$타입의 별 다각형 하나만 그려진다.

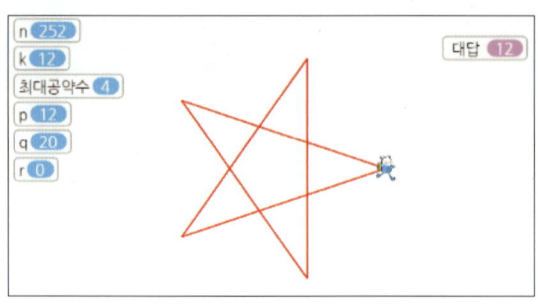

❹ 다시 점1($r=1$)에서 시작하여 별 다각형을 그리고 점2($r=2$)에서 시작하여 별 다각형을 그리고… 이것을 ($q.p$의 최대공약수)번 반복한다.

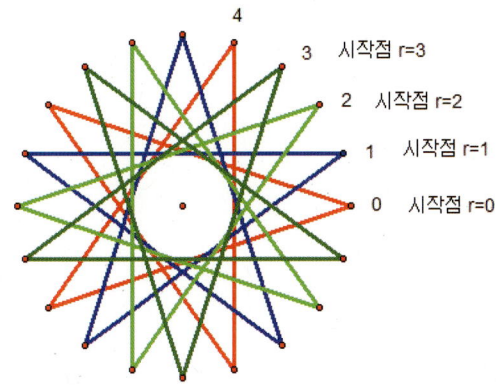

4
3 시작점 r=3
2 시작점 r=2
1 시작점 r=1
0 시작점 r=0

❺ 별 다각형을 그리기 시작하는 시작점을 ($r=0,1,2,\cdots,$최대공약수) 로 변화시켜가며 그릴 수 있도록 함수를 수정한다. n을 r에서 시작하도록 수정해 보자.

❻ 시작점을 각각 $r=0$에서부터 최대공약수까지 변화시켜가며 별 다각형을 반복하여 그린다.

❼ 블록 조립하기를 완성하고 실행결과를 보면 다음과 같다.

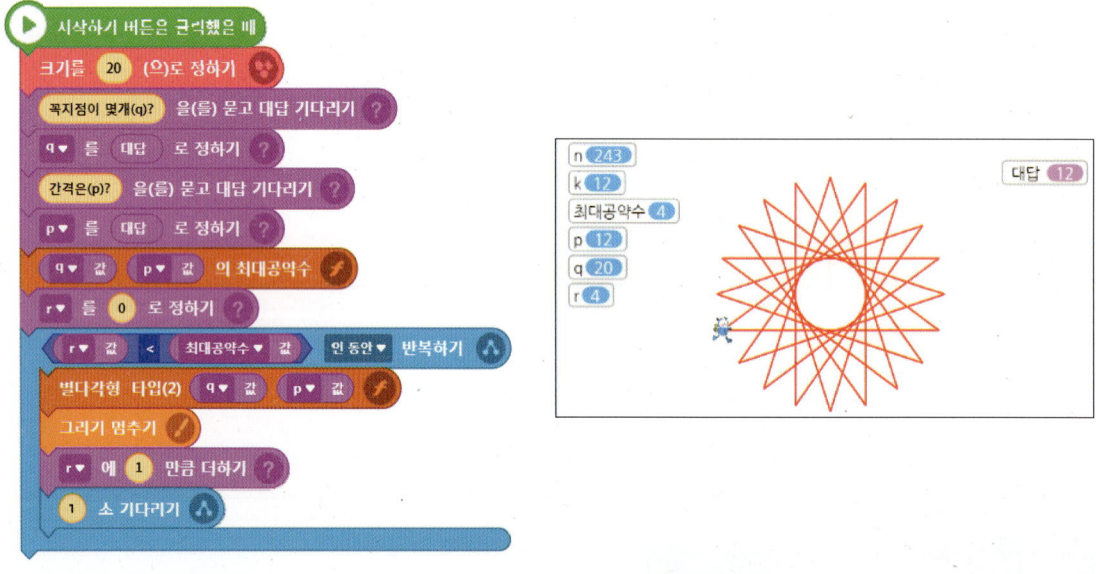

http://naver.me/IxLqcinP

 마우스를 클릭할 때마다 밤하늘에 별이 그려지도록 프로그래밍 해 보자.

 Step 1

실행화면 아래 + 를 클릭하여 오브젝트 선택에서 배경의 우주(3)을 추가하자.

 Step 2

다시 + 를 클릭하여 오브젝트를 연필(1)로 추가하자.

 Step 3

별모양의 선택을 위해 시작하기 버튼을 클릭했을 때 묻고 대답하도록 다음과 같이 프로그래밍하자. 대답 숨기기 블록을 이용하면 실행화면에 대답, p, q의 숫자가 나타나지 않는다.

 Step 4

마우스를 클릭했을 때 클릭한 위치에 별 다각형이 그려지도록 마우스를 클릭했을 때 블록과 엔트리봇 위치로 이동하기 블록을 연결한다.

 Step 5

p, q 값을 입력하여 별 모양을 정하고 붓의 색을 정한다.

CHAPTER 9 별 다각형 그리기 | 195

 **Step 6**

마우스를 클릭했을 때 블록 아래 문제 5에서 조립한 『별 다각형 그리기』 블록 묶음을 연결하여 원하는 프로그램을 완성한다.

http://naver.me/5Gx1vHrk

# 생각해 보기 해답

▶ 생각해 보기 1

(1) (8,3)타입의 별 다각형과 (8,5)타입 별 다각형은 같다.

(2) 8개의 꼭짓점에서 세 번째 꼭짓점에 계속 연결하는 것은 다섯 번째 꼭짓점에 계속 연결하는 것과 같으므로 (8,3)타입 별 다각형과 (8,5)타입 별 다각형은 같다.

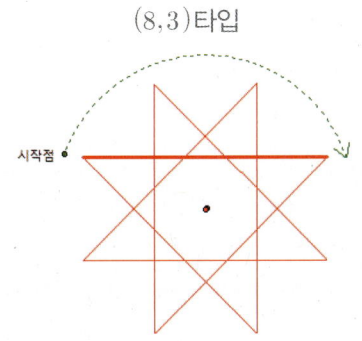
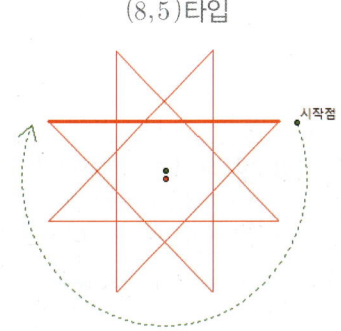

▶ 생각해 보기 2

(1) 두 수 p, q의 공약수가 1밖에 없을 때 두 수 p, q는 서로소라고 한다. 서로소인 (q,p) 타입의 별다각형을 그리는 위의 프로그램을 (8,2)타입의 별 다각형 그리기에 적용하면 정사각형((4,1)타입의 별다각형)만 두 번 겹쳐 그리게 된다. 왜냐하면 8과 2처럼 서로소가 아닌 경우 8개의 꼭짓점에서 두 번째 꼭짓점을 연결한다는 것은 4개 꼭짓점에서 첫 번째 꼭짓점을 연결하는 것과 같기 때문에 이 방법으로 그리면 4개의 변만 그려진다. 따라서 4개 변을 더 그려야한다.

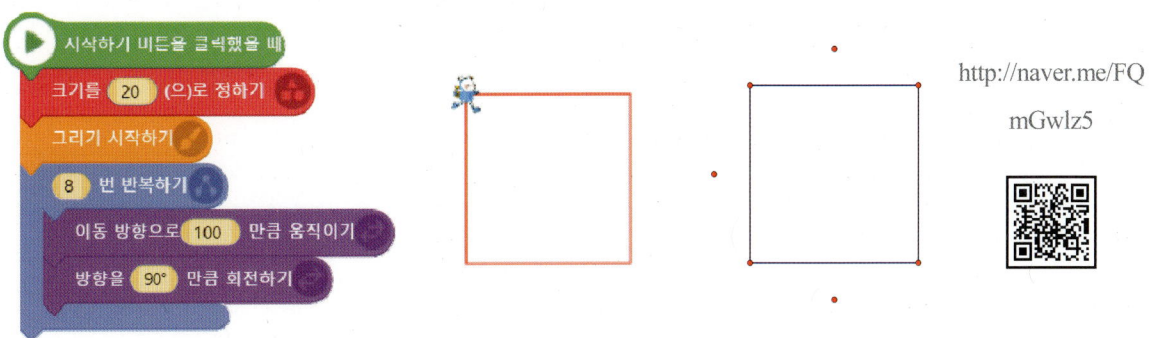

▶ 생각해 보기 3

(1) 최대공약수 4로 각각 나눈 (5,3)타입의 별만 반복해서 그려지고 20개의 꼭짓점 중 $(4-1) \times 5 = 15$개의 점들은 그대로 남아 있다.

 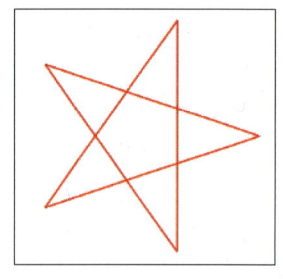 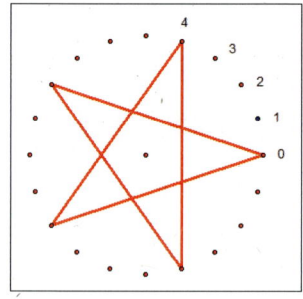

(2) ❶ (20,12)타입의 별 다각형은 (5,3)타입의 별 다각형 4개로 되어 있다.

❷ (5,3)타입 별 다각형을 (360/20)도씩 4번 회전하였다.

❸ 20개의 점의 중심(원의 중심)이 회전의 중심이다.

(3) 위 그림에서와 같이 시작점을 0, 1, 2, 3로 옮겨가며 (5,3)타입의 별 다각형을 4번 반복해서 그린다.

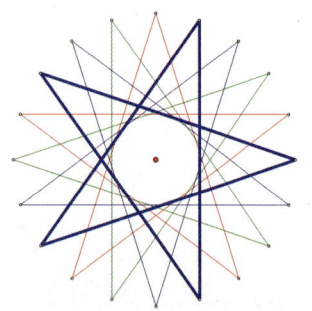 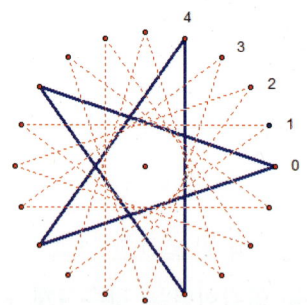

CHAPTER 10

재귀 함수를 이용하여 무늬 그리기

CHAPTER 10 재귀 함수를 이용하여 무늬그리기

- 수학 - 수열의 합, 정다각형, 점화식, 규칙성
- 코딩 - 반복, 변수, 함수, 재귀적 절차

'재귀'의 사전적 의미는 '원래의 자리로 되돌아가거나 되돌아옴'이며 프로그래밍에서 재귀적(Recursive)이란 '자기 자신을 호출한다.' 또는 '있던 곳으로 되돌아간다.'는 뜻이다. 예를 들어 수열 $1, 1+2, 1+2+3, 1+2+3+4, \cdots$ 의 n번째 항 a_n은

$$a_n = \{1+2+3+\cdots +(n-1)\}+n$$

이므로 a_n의 재귀적 표현(혹은 점화식)은

$$a_n = a_{n-1} + n$$

이다. 도형에서도 재귀절 절차에 의한 무늬 그리기를 할 수 있으며 특히 프랙탈 그리기에서는 재귀적 절차가 핵심이다.

프로그래밍에서 재귀적 절차의 처리에 능숙하다면 복잡한 코딩 문제를 간단히 해결할 수 있다.

먼저 간단한 예를 통해서 재귀 함수를 익혀보자.

· 문제 ·
01 재귀 함수를 이용하여 겹 다각형 그리기

Chapter 02에서 아래와 같이 겹 다각형 무늬 그리기를 하였다. 함수 또는 재귀 함수를 이용하여 프로그래밍 해 보자.

(1) Chapter 02에서처럼 반복을 이용하여 프로그래밍 하기

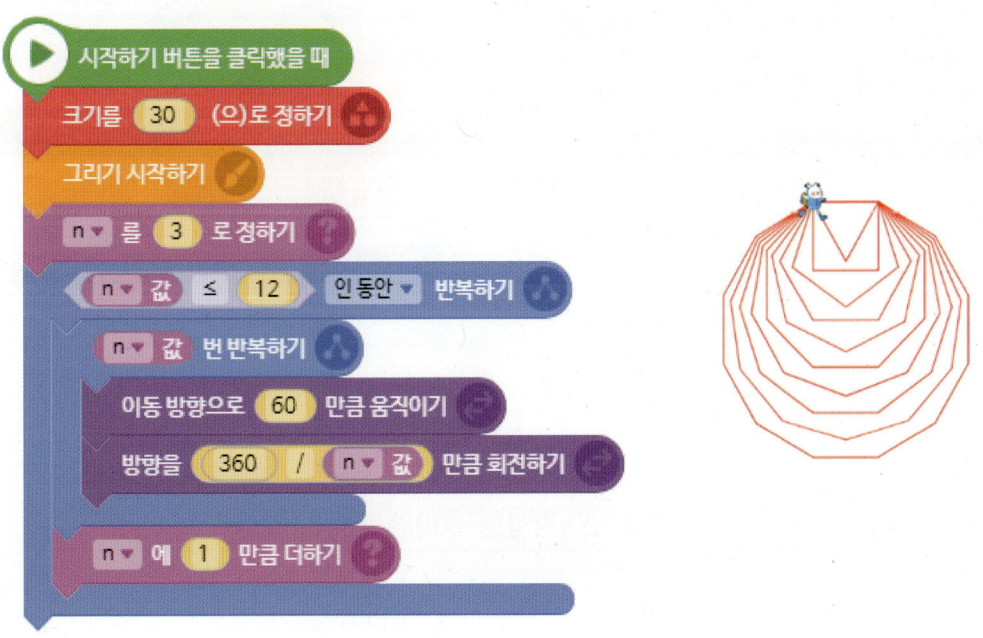

(2) 함수를 이용하여 프로그래밍 하기

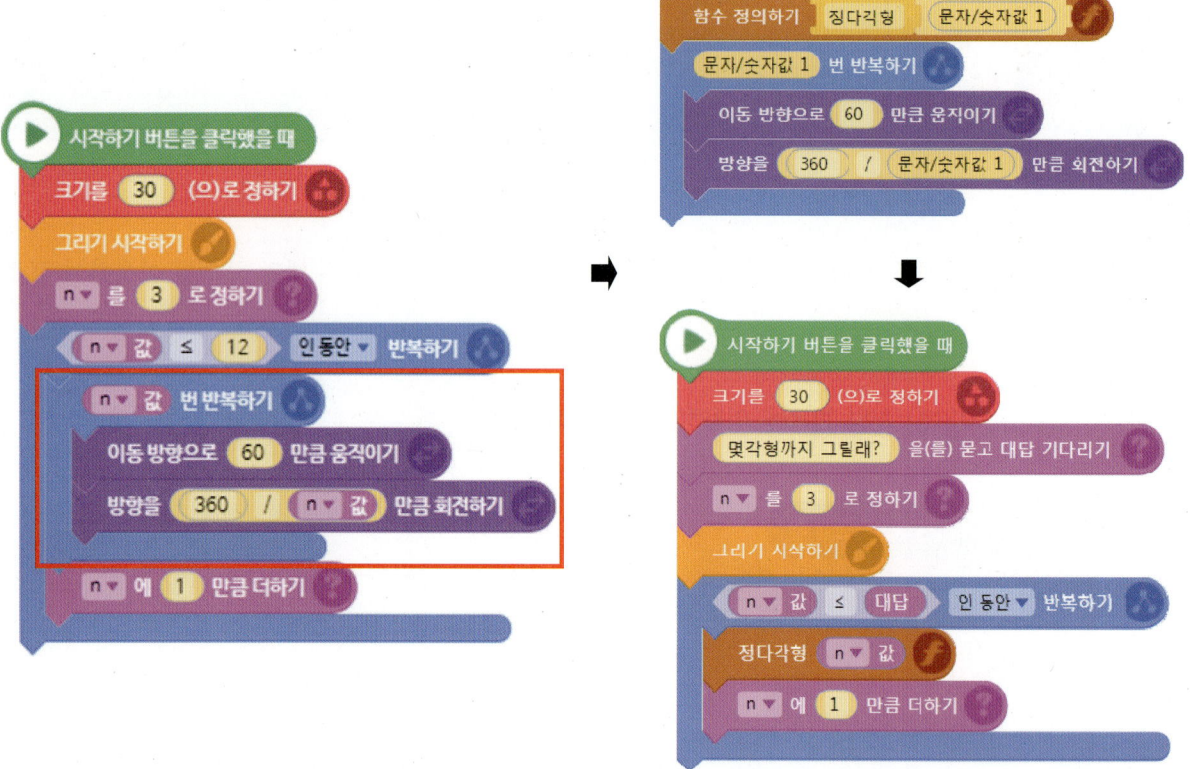

(3) 재귀 함수를 이용하여 프로그래밍 하기

정삼각형에서 정n각형까지의 겹 다각형 무늬를 그리는 재귀적 방법의 기본 아이디어는 정삼각형에서 정$(n-1)$각형까지 그려져 있을 경우 그 다음 정n각형만 그리면 된다는 것이다.

❶ 먼저 단계별로 겹 다각형 무늬 그리기 블록을 살펴보자.

CHAPTER 10 재귀 함수를 이용하여 무늬 그리기

❷ 위로부터 유추해 보면 삼각형에서 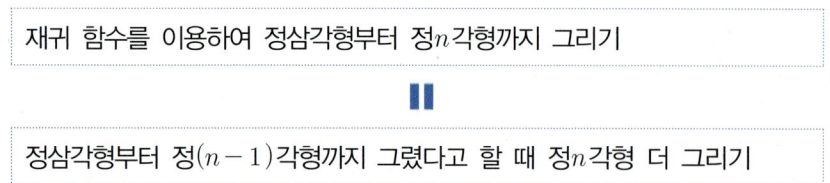 각형까지의 겹 다각형 무늬를 그리는 재귀 함수 블록은 다음과 같다. 재귀 함수는 '겹 다각형 무늬'라는 함수 안에 자신의 함수를 호출하는 것이다. 삼각형부터 그리기 시작하기 위해서 문자/숫자값 1 은 3이상으로 하자.

> 재귀 함수를 이용하여 정삼각형부터 정n각형까지 그리기
>
> ∥
>
> 정삼각형부터 정$(n-1)$각형까지 그렸다고 할 때 정n각형 더 그리기

정삼각형부터 정오각형까지 그리기

정삼각형부터 정 문자/숫자값 1 각형까지 그리기

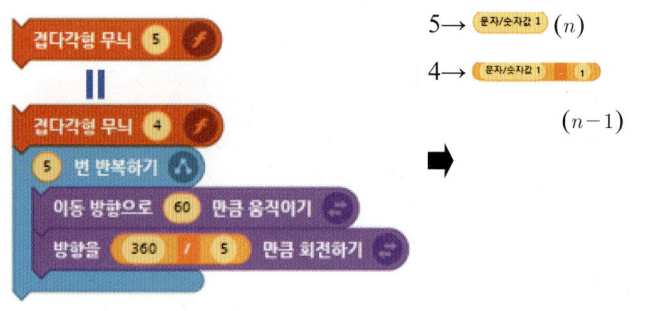

$5 →$ 문자/숫자값 1 (n)
$4 →$ 문자/숫자값 1 $(n-1)$

❸ 다음 삼각형부터 오각형까지 그리는 프로그램이 실행되는 절차를 살펴봄으로써 재귀 함수를 이해하자.

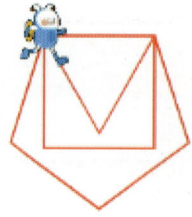

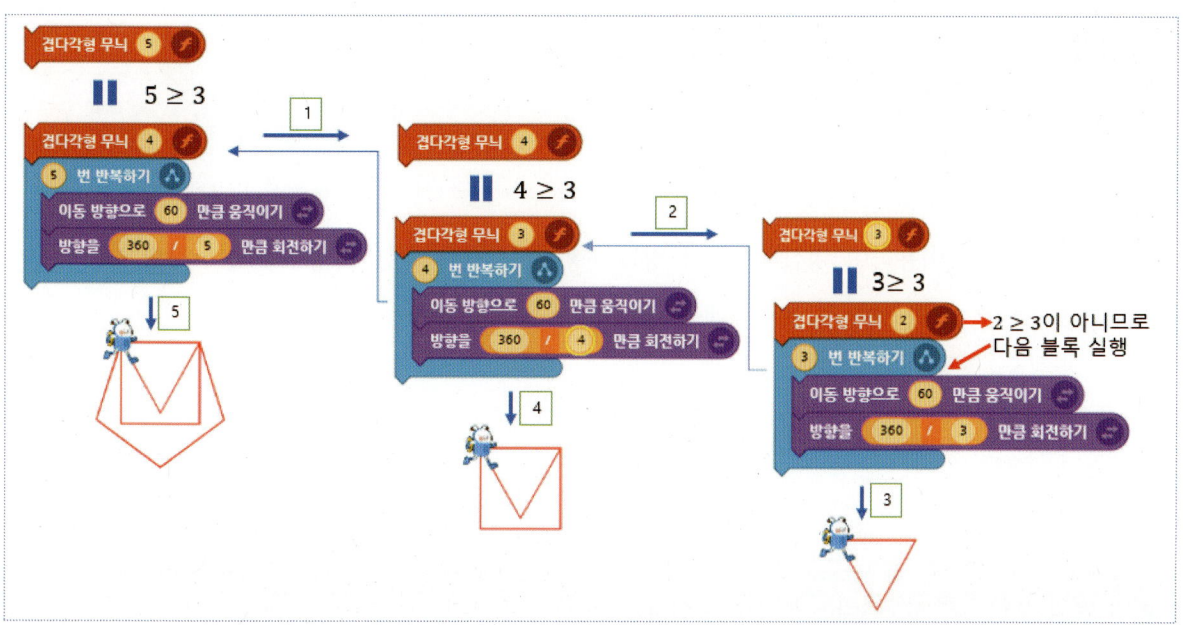

❹ 삼각형부터 몇 각형까지 그릴 것인지 묻고 대답을 하면 대답한 수는 변수 대답 에 저장된다. 12각형까지 그려 보자.

http://naver.me/GgZkyTok

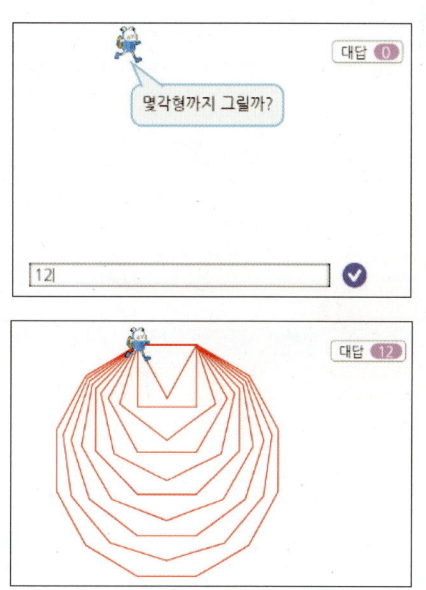

CHAPTER 10 재귀 함수를 이용하여 무늬 그리기 | 205

더 나아가기 1 — 정n각형부터 정m각형으로 이루어진 겹 다각형 무늬 그리기

위의 프로그램을 이용하여 정삼각형부터 정12각형까지 그렸다. 정n각형부터 정m각형으로 이루어진 겹 다각형 무늬를 그리려면 위 프로그램을 어떻게 수정하면 될까?

Step 1

함수에 두 개의 변수를 넣는다. 이때 시작하는 정다각형의 변의 수를 `문자/숫자값 1` 라는 변수로, 끝나는 정다각형의 변의 수를 `문자/숫자값 2` 라는 변수로 정한다.

Step 2

재귀 함수를 다음과 같이 수정한다.

Step 3

블록 조립을 완성하면 다음과 같다.

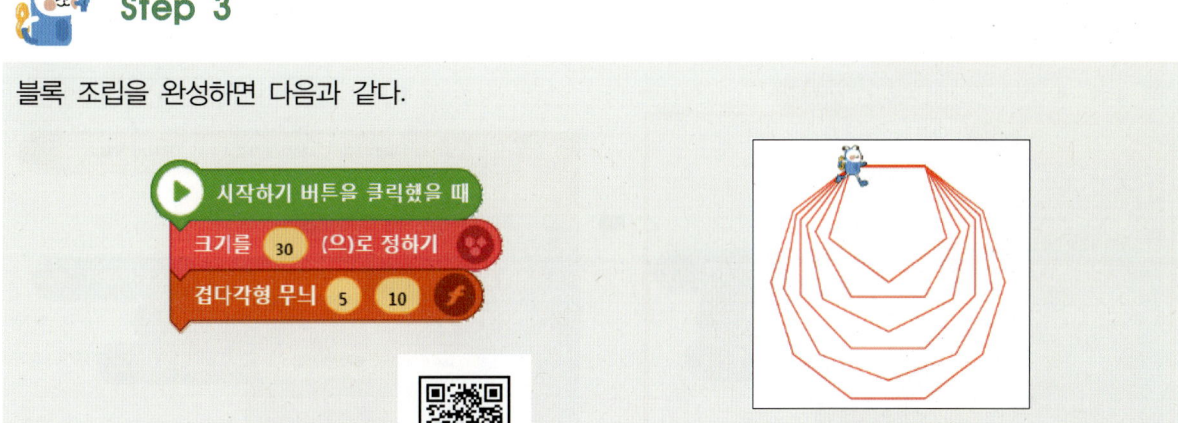

http://naver.me/xItXWP7j

문제 02 재귀 함수를 이용하여 정다각형 나선 그리기

(1) 함수를 이용하여 다시 프로그래밍 하기

다음은 Chapter 07에서 다루었던 『정다각형 나선을 그리기』 프로그램이다. 이때 모양은 몇 각형 나선을 그릴 것인지와 변의 길이를 얼마일 때까지 그릴 것인지에 따라 결정된다.

아래 함수 블록  의 경우 6각형 나선모양이고 변의 길이를 1에서 시작하여 1씩 늘리면서 100일 때까지 그리는 함수이다. 아래 왼쪽 프로그램에서 빨간 상자안의 블록을 이 함수로 만들어 프로그래밍을 간단히 해 보자.

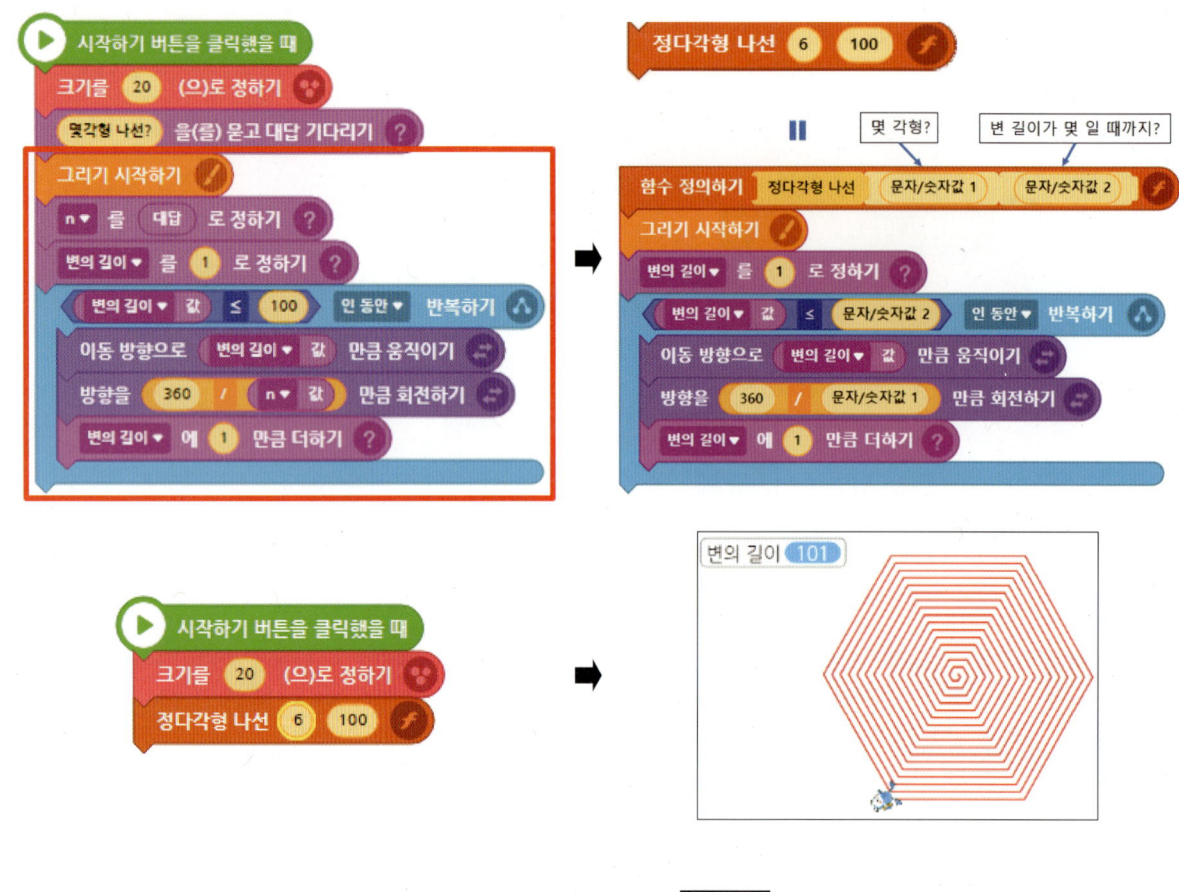

http://naver.me/5j7T03TI

(2) 재귀 함수를 이용하여 프로그래밍 하기

위 프로그램에서의 함수블록을 수정하여 재귀 함수 블록을 만들어 프로그래밍 해 보자. 예를 들어 6각형 모양의 정다각형 나선을 변의 길이를 2씩 늘려가면서 100일 때까지 그리려고 한다. 재귀적 표현에 의하면 변의 길이가 98일 때까지 그려져 있다면 그 다음 100일경우만 그리면 된다는 것이다.

Step 1

정다각형 나선을 그리는 재귀적 절차를 살펴보자.

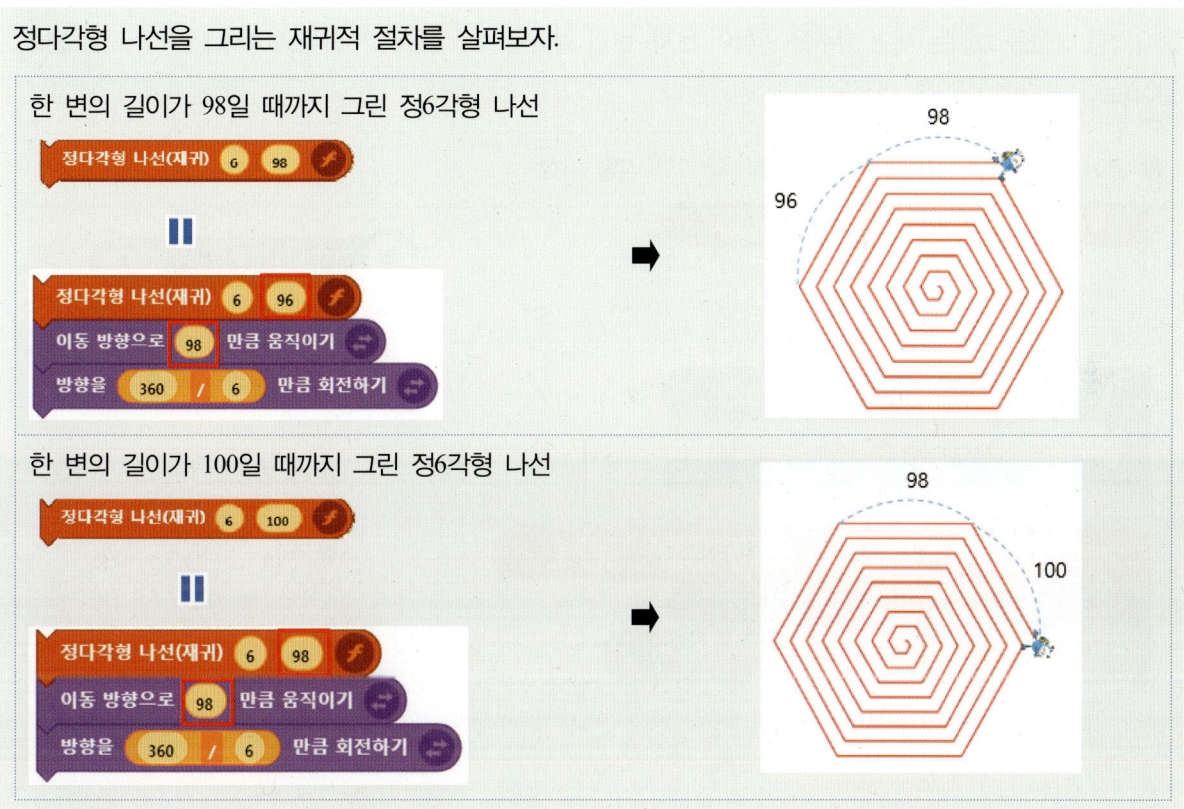

Step 2

정다각형 나선을 그리는 재귀 함수를 만들어 보자. 변의 길이인 «문자/숫자값 2» 가 2씩 줄어서 2 (가장 작은 변의 길이)보다 크다면 이러한 과정을 계속 진행한다.

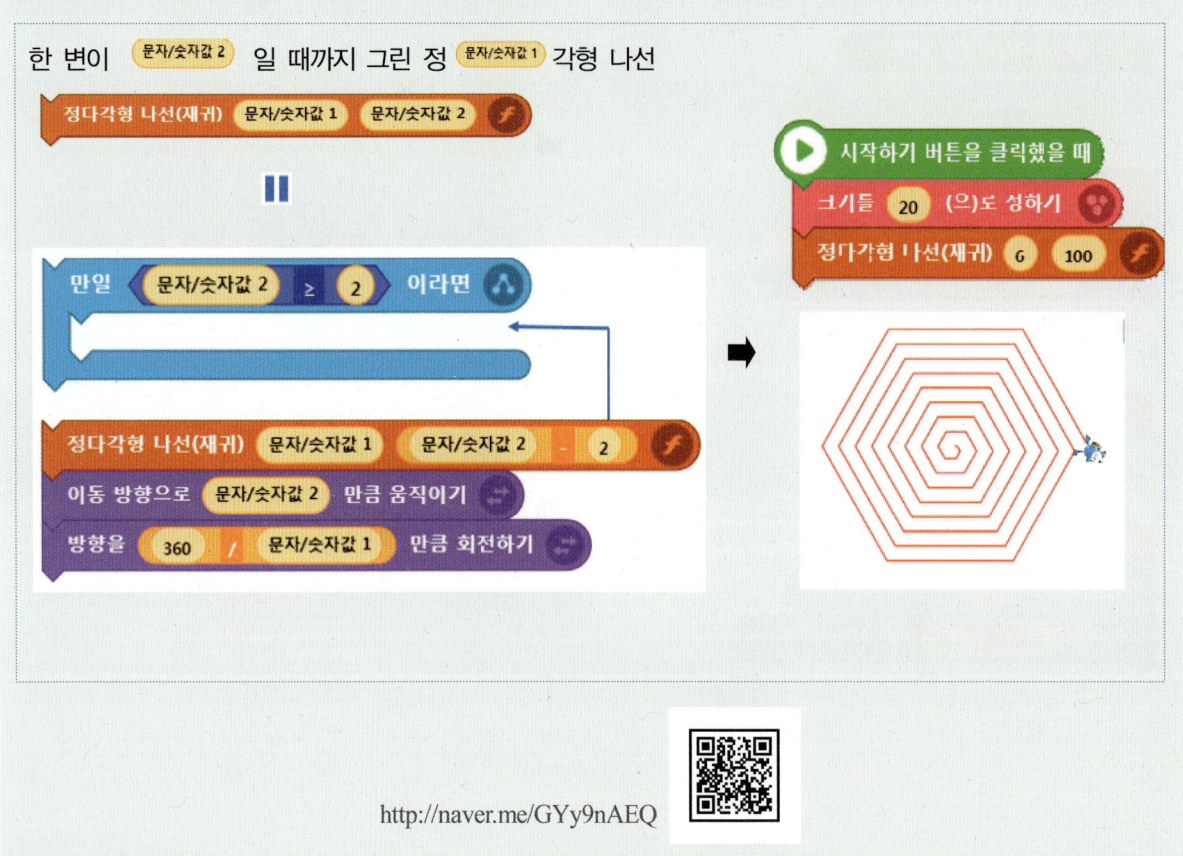

http://naver.me/GYy9nAEQ

잠깐!

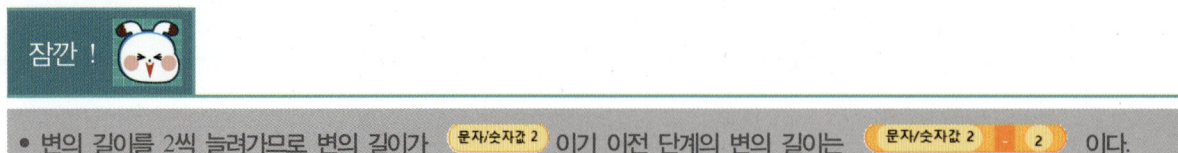

- 변의 길이를 2씩 늘려가므로 변의 길이가 «문자/숫자값 2» 이기 이전 단계의 변의 길이는 «문자/숫자값 2» - 2 이다.

생각해 보기 1

(1) 위의 재귀 함수 정의에서 [방향을 360 / 문자/숫자값 1 만큼 회전하기] 의 회전각을 다음과 같이 수정하면 어떻게 될까?

- Ⓐ 360 / 문자/숫자값 1 - 5
- Ⓑ 360 / 문자/숫자값 1 - 2

생각해 보기 해답

➡ 생각해 보기 1

Ⓐ 360 / 문자/숫자값 1 - 5 로 수정

http://naver.me/x3gFey6M

Ⓑ 360 / 문자/숫자값 1 - 2 로 수정

http://naver.me/xAiCl3Nu

CHAPTER 11

시어핀스키 다각형 그리기

CHAPTER 11 시어핀스키 다각형 그리기

- 수학 - 프랙탈, 시어핀스키 다각형, 시어핀스키 가스켓, 수열의 합, 정다각형
- 코딩 - 반복, 변수, 함수, 재귀 함수

　재귀적 방법은 도형의 작도뿐만 아니라 수와 연산 영역에서도 매우 유용하게 적용할 수 있다. 재귀적 방법으로 코딩하면 블록의 수를 줄일 수 있으며 구조를 알아보기 쉬운 장점이 있다. 다양한 프랙탈 도형을 재귀적 방법으로 작도해 보자

 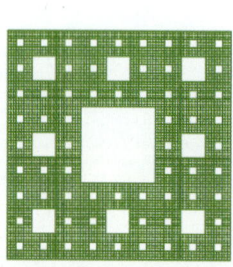 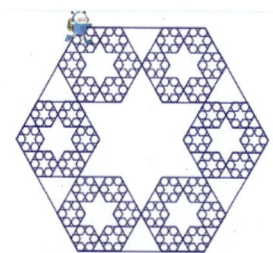

문제 01 시어핀스키 삼각형 그리기

시어핀스키(Sierpinski) 삼각형은 정삼각형으로 이루어진 무늬가 일정한 규칙을 가지고 재귀적으로 반복되는 자기동형 집합, 즉, 프랙탈로서 시어핀스키 삼각형, 시어핀스키 가스켓(gasket) 혹은 시어핀스키 체(sieve)라고 한다.

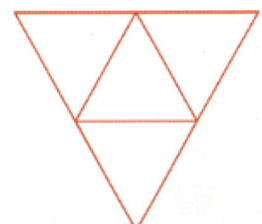 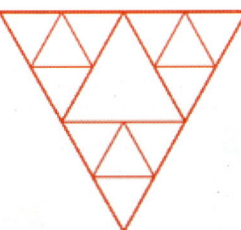 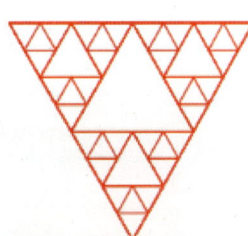 

문제 분석하기

❶ 0 단계 기본 도형은 정삼각형이다.

❷ 1 단계 도형은 0단계의 정삼각형 3개를 붙인 것이다.

❸ 2 단계 도형은 1단계 도형 3개를 붙인 것이다.

❹ 일반적으로 n단계 도형은 $(n-1)$단계 도형을 3개 붙인 것이다.

블록 조립하기

❶ 함수 만들기를 클릭하고 이름을 '시어핀스키'라고 정한다. 이때 단계마다 가장 큰 삼각형의 변의 길이가 변하므로 변의 길이를 변수 문자/숫자값1 로 택한다.

❷ 0, 1, 2 단계를 통해 규칙을 찾아보자.
- 가장 작은 삼각형의 한 변 길이는 30으로 하였으므로 한 변 길이가 30보다 작으면 그려지지 않는다.
- 가장 긴 변의 길이가 120인 경우 120, 60 = 120 ÷ 2, 30 = 60 ÷ 2 으로 전 단계 긴 변 길이는 다음 단계 긴 변 길이의 반이다.

❸ 따라서 점 A에서 시작하여 길이가 `문자/숫자값 1` 인 시어핀스키 삼각형을 그리려면

 i) `시어핀스키 문자/숫자값 1 / 2` 를 호출하여 전 단계도형을 그린다.

 ii) 전 단계 도형을 그린 후 오브젝트는 점 A에서 점 B를 향하고 있다.

 iii) 다시 점 B에서 시작하여 전 단계 도형을 그리기 위해서 `문자/숫자값 1` 만큼 이동한다.

 iv) 점 B에서 120도 회전한다.

 v) 이러한 과정(i – iii)을 3번 반복한다.

 vi) 변의 길이는 반씩 줄어들므로 최소길이가 10이 되기 전까지 반복한다.

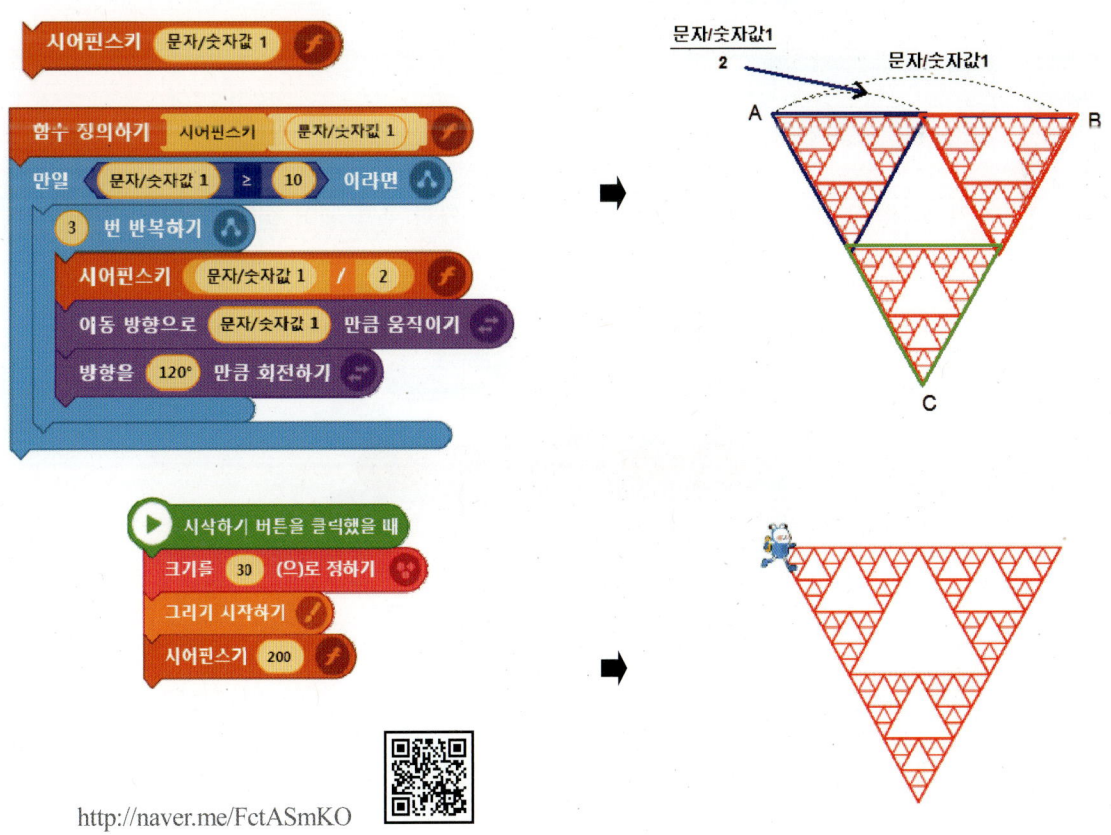

http://naver.me/FctASmKO

생각해 보기 1

시어핀스키 삼각형 함수에서 각 숫자가 의미하는 것이 무엇인지 관찰해 보자. 숫자를 바꾸어 입력하면서 탐구해 보자.

생각해 보기 2

다음 시어핀스키 삼각형 그리기 프로그램의 ⬭ 안에 여러 가지 수를 넣어 실행해 보자.

시어핀스키 사각형 그리기

시어핀스키 삼각형을 그린 방법을 참고하여 아래와 같은 프랙탈 시어핀스키 사각형 혹은 시어핀스키 카펫을 그려보자.

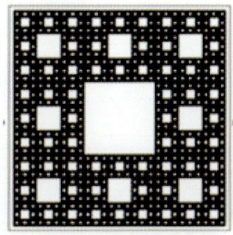

문제 분석하기

❶ 0단계 도형은 하나의 정사각형으로 이루어져 있다.

❷ 1단계는 도형은 0단계 도형을 돌아가면서 8개를 그린 도형이다.

❸ 2단계는 도형은 1단계 도형을 돌아가면서 8개를 그린 도형이다.

❹ 3단계는 도형은 2단계 도형을 돌아가면서 8개를 그린 도형이다.

0단계

1단계
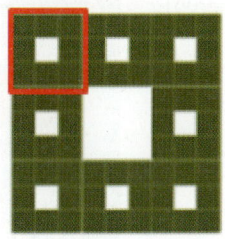
2단계
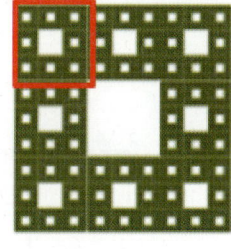
3단계

블록 조립하기

❶ 정사각형을 계속 그려야하므로 정사각형를 그리는 함수를 만들어 사용하면 편리하다.

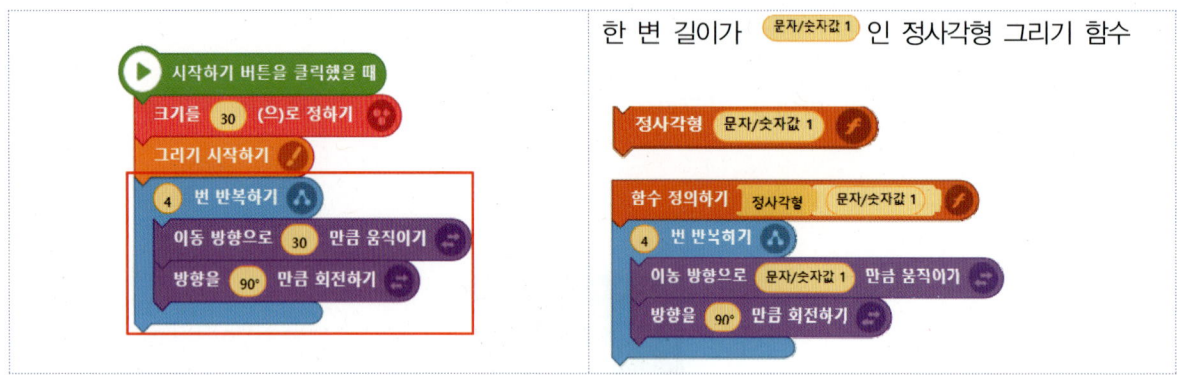

❷ 0단계 기본 도형인 정사각형을 그린다.

❸ 1단계 도형은 0단계 도형 8개를 돌아가면서 붙인다. 0단계 도형 2 개를 그린 후에는 오른쪽을 바라보고 있으므로 다음 세 개를 그리기 위해서 90도 방향을 바꾼다. 이와 같은 일을 4번 반복한다.

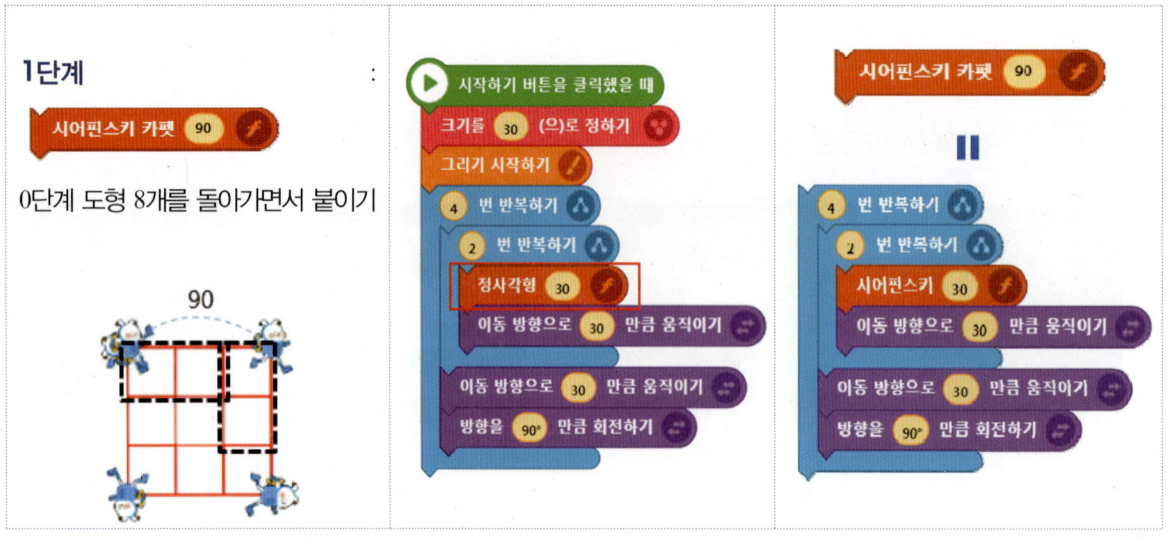

❹ 2단계 도형은 1단계 도형 8개를 돌아가면서 붙인다.

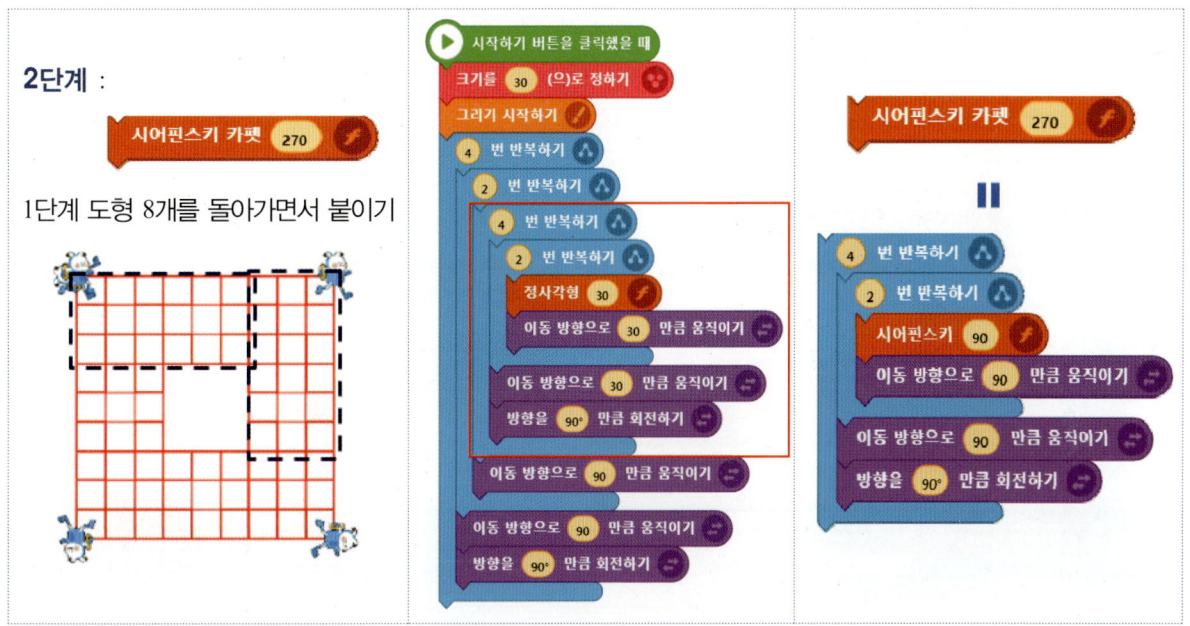

❺ 3단계 도형은 2단계 도형 8개를 돌아가면서 붙인다. 0, 1, 2단계로 부터 규칙을 찾아보자.

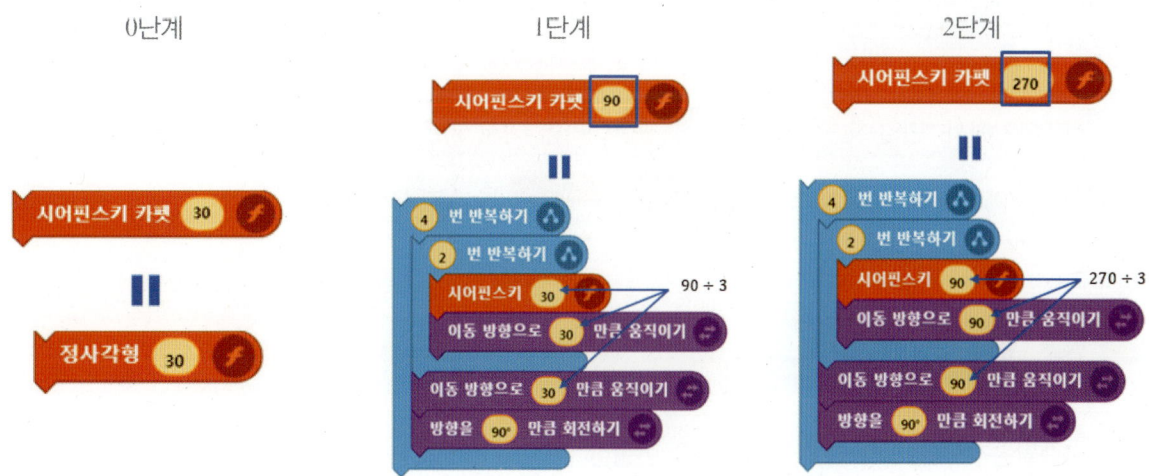

CHAPTER 11 시어핀스키 다각형 그리기 221

❻  이 가장 작은 정사각형의 변의 길이(예를 들어 30)보다 크기만 하면 이와 같은 규칙에 따라 전단계 블록 호출을 반복한다. 이제 시어핀스키 카펫의 재귀적 함수 블록을 완성하면 다음과 같다.

http://naver.me/5j7lcc5N

 생각해 보기 3

함수 정의하기에서 "만일 〈문자/숫자값 1 ≥ 30〉이라면"에서 30은 가장 작은 기본 정사각형의 한 변 길이를 말한다. 30대신 3으로 고치고 함수 〈시어핀스키 카펫 250〉을 실행해 보자.

 생각해 보기 4

다음 프랙탈은 시어핀스키 카펫 프로그램을 변형한 것이다. 프로그램을 작성해 보아라.

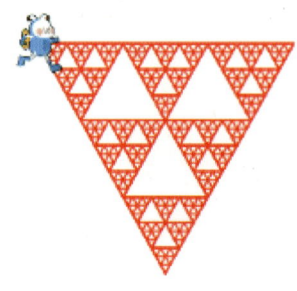

 생각해 보기 해답

생각해 보기 1

아래 숫자 10은 시어핀스키 삼각형의 변 길이가 최소 10이상일 때까지 그리도록 한 것이다.

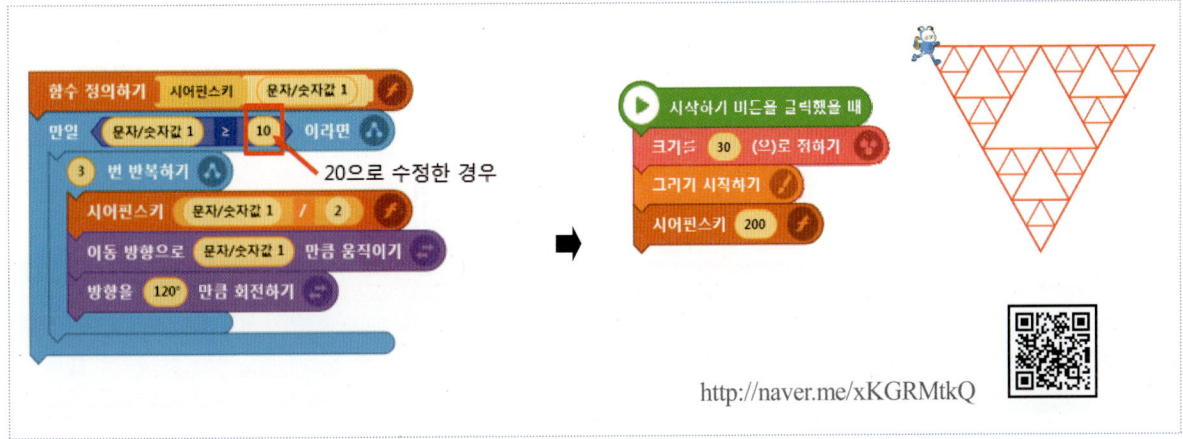

다음 숫자 2는 전 단계 도형 간의 거리를 조정한다.

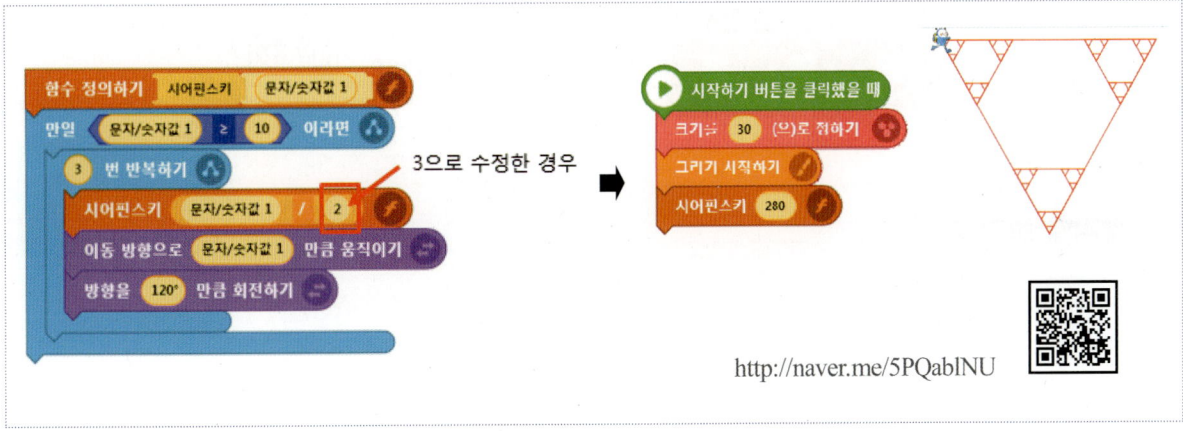

➡ 생각해 보기 2

 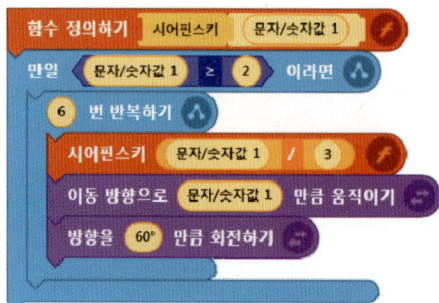 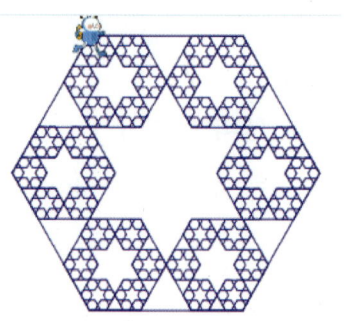

http://naver.me/FZ47SjvG

➡ 생각해 보기 3

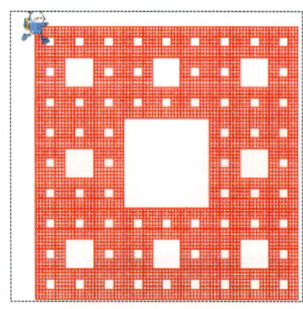   http://naver.me/xzVR1N10

➡ 생각해 보기 4

변형 전

http://naver.me/GksoNx6w

CHAPTER 11 시어핀스키 다각형 그리기

CHAPTER 12

코흐 곡선 그리기

CHAPTER 12 코흐 곡선 그리기

- 수학 - 프랙탈, 코흐곡선
- 코딩 - 재귀 함수

코흐곡선은 1904년 스웨덴의 수학자 코흐(Koch)가 "접선을 갖지 않은 연속곡선으로서 기초적인 기하를 이용하여 작도할 수 있는 곡선"이라는 논문에서 처음 제시한 것이며 이후 다양하게 변형된 곡선들이 선을 보이고 있다.

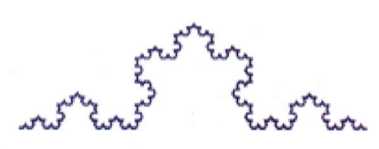
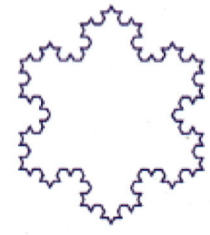

코흐 곡선　　　　　코흐 눈송이　　　　　코흐곡선의 변형

문제 01 코흐 곡선 그리기

문제 분석하기

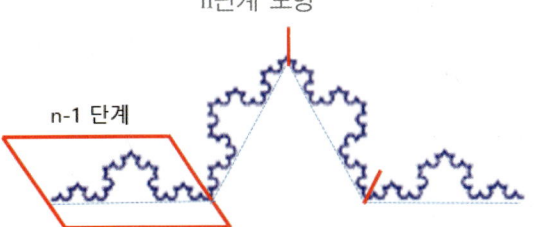

❶ 0단계 도형은 선분이다.
❷ n단계 도형을 그린다는 것은 차례로 옮겨가며 $n-1$단계 도형을 4번 그리는 것이다.
❸ $n-1$단계 도형을 그린다는 것은 차례로 옮겨가며 $n-2$단계 도형을 4번 그리는 것이다.
❹ n이 줄어서 $n \geq 3$(3=최소변의 길이)일 때 까지 이와 같은 일을 계속한다.

설계하기

❶ **알고리즘**
폭의 길이가 200인 코흐 곡선을 그리는 절차를 그림으로 나타내 보자.

❷ **오브젝트**
- 연필 오브젝트를 선택해 보자.
- 오브젝트의 크기를 20으로 줄이자.

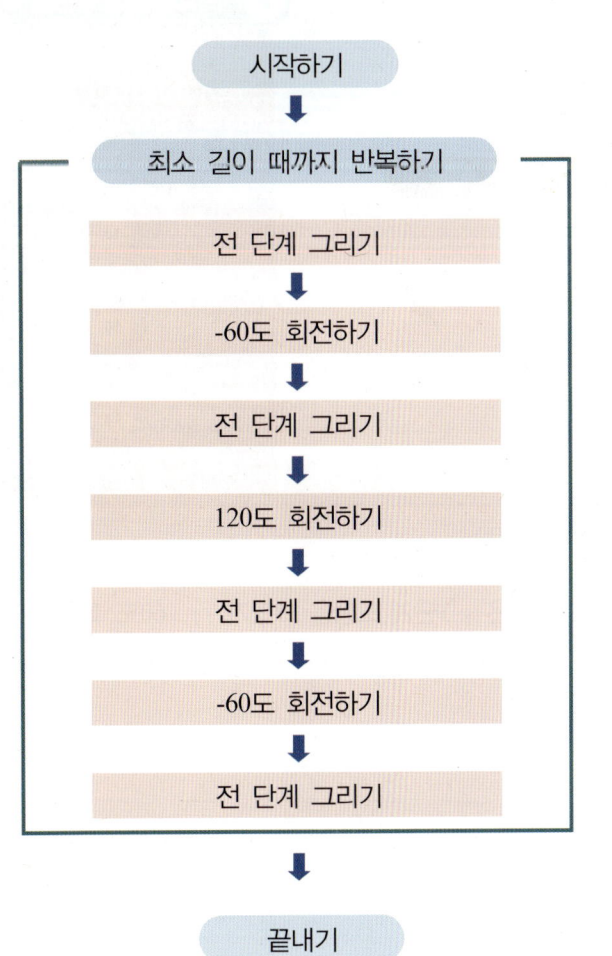

블록 조립하기

❶ 0단계 기본 도형인 선분(가장 작은 변의 길이 10)을 그린다.

❷ 1단계 도형은 「0단계 도형을 그리기 → −60도 회전하기 → 0단계 도형을 그리기 → 120도 회전하기 → 0단계 도형을 그리기 → −60도 회전하기 → 0단계 도형을 그리기」

❸ 2단계 도형은 「1단계 도형을 그리기 → −60도 회전하기 → 1단계 도형을 그리기 → 120도 회전하기 → 1단계 도형을 그리기 → −60도 회전하기 → 1단계 도형을 그리기」

❹ 이와 같은 과정을 되풀이하면 다음과 같은 함수 블록을 완성할 수 있다.

완성된 코흐 곡선의 폭이 문자/숫자값 1 =200 이고 최소길이가 약 10인 재귀 함수와 실행결과

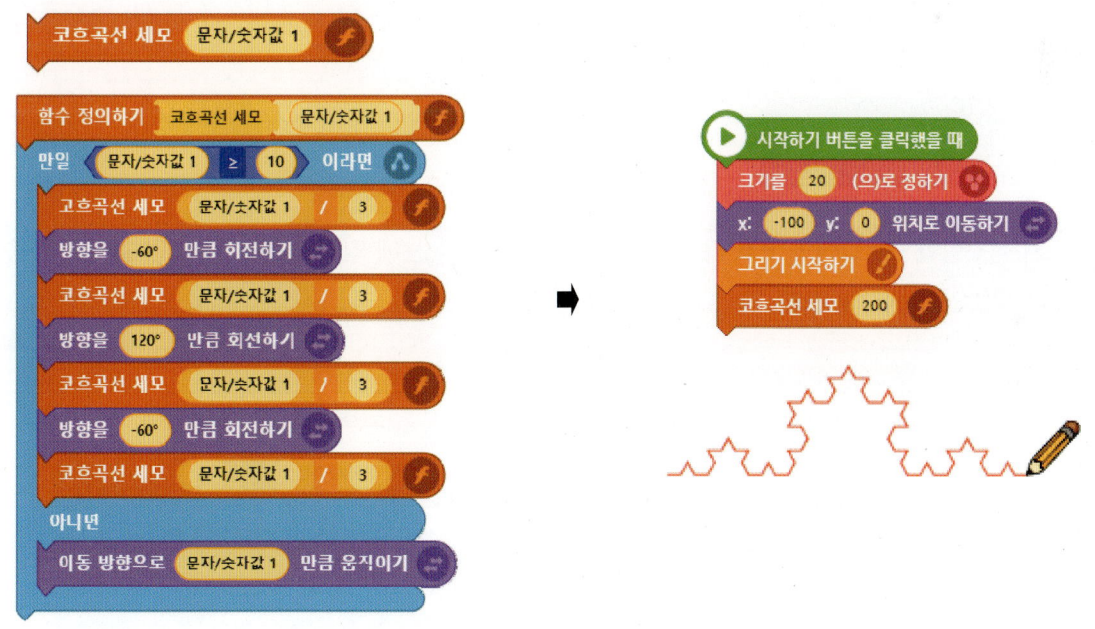

http://naver.me/xpq3rliP

CHAPTER 12 코흐 곡선 그리기 | 231

- 예를 들어 블록 [코흐곡선 세모 9] 은 완성된 도형의 폭이 9인 시어핀스키 삼각형을 그리는 함수이다. 그런데 최소 폭이 10이상인 경우만 그리도록 정의되어 있으므로 9(< 10)의 경우에는 [아니면 이동 방향으로 문자/숫자값 1 만큼 움직이기] 부분을 실행해야한다. 즉, 변의 길이가 9인 선분만 그리라는 것이다.

- 블록 [x: -100 y: 0 위치로 이동하기] 은 실행 결과가 화면의 중앙에 잘 나타나도록 오브젝트의 처음 위치를 조절한 것이다.

생각해 보기 1

위의 함수 정의에서 [문자/숫자값 1 ≥ 10] 의 숫자 10 대신 더 적은 수 3을 넣고 [코흐곡선 세모 200] 을 실행해 보아라.

생각해 보기 2

시어핀스키 삼각형의 프로그램과 코흐 곡선 프로그램의 차이점 중 눈에 띄인 것은 서로 조건 블록의 사용이다. 이유가 무엇인지 생각해 보자.

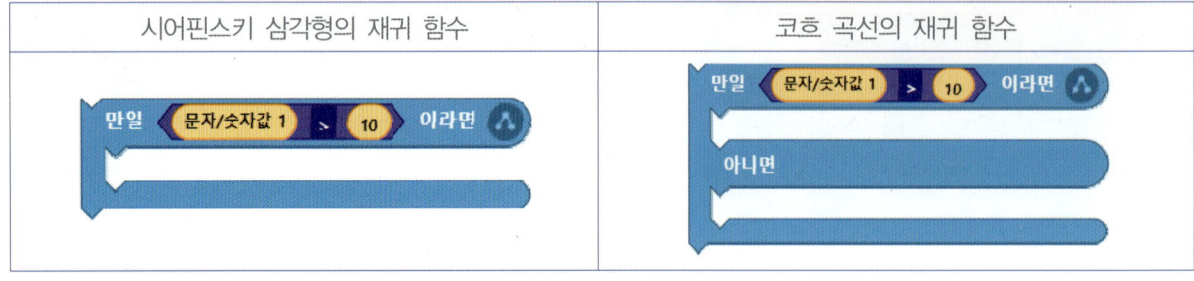

시어핀스키 삼각형의 재귀 함수	코흐 곡선의 재귀 함수

 **생각해 보기 3**

코흐 눈꽃송이 프로그램을 변형하여 여러 가지 모양의 코흐 눈꽃송이를 그려보자. 위의 함수 정의에서 `문자/숫자값 1 ≥ 10` 의 숫자 10 대신 5를 넣은 함수  을 이용하여 프로그래밍 해 보자.

더 나아가기 1 | 코흐 눈꽃송이 그리기

코흐 곡선 프로그램을 이용하여 코흐 눈꽃송이를 그려보자.

 Step 1

`코흐곡선 세모 문자/숫자값 1` 의 문자/숫자값을 100으로 한다.

 Step 2

`x: -100 y: 0 위치로 이동하기` 블록을 써서 오브젝트를 적당한 위치에 놓는다.

 Step 3

코흐 곡선이 삼각형을 이루도록 삼각형의 외각 120도씩 회전하며 그리기를 3번 반복한다.

 →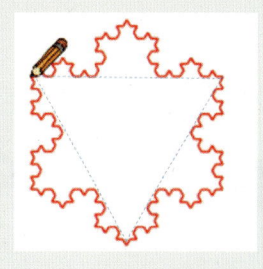

http://naver.me/FH80lYW3

문제 02 코흐곡선의 변형 곡선 그리기

코흐곡선은 정삼각형 모양을 붙여가며 만든 것이다. 만일 정사각형 정오각형 등의 모양을 붙여간다면 어떻게 될까? 먼저 코흐곡선의 함수 정의를 다시 살펴보고 수정해 보자.

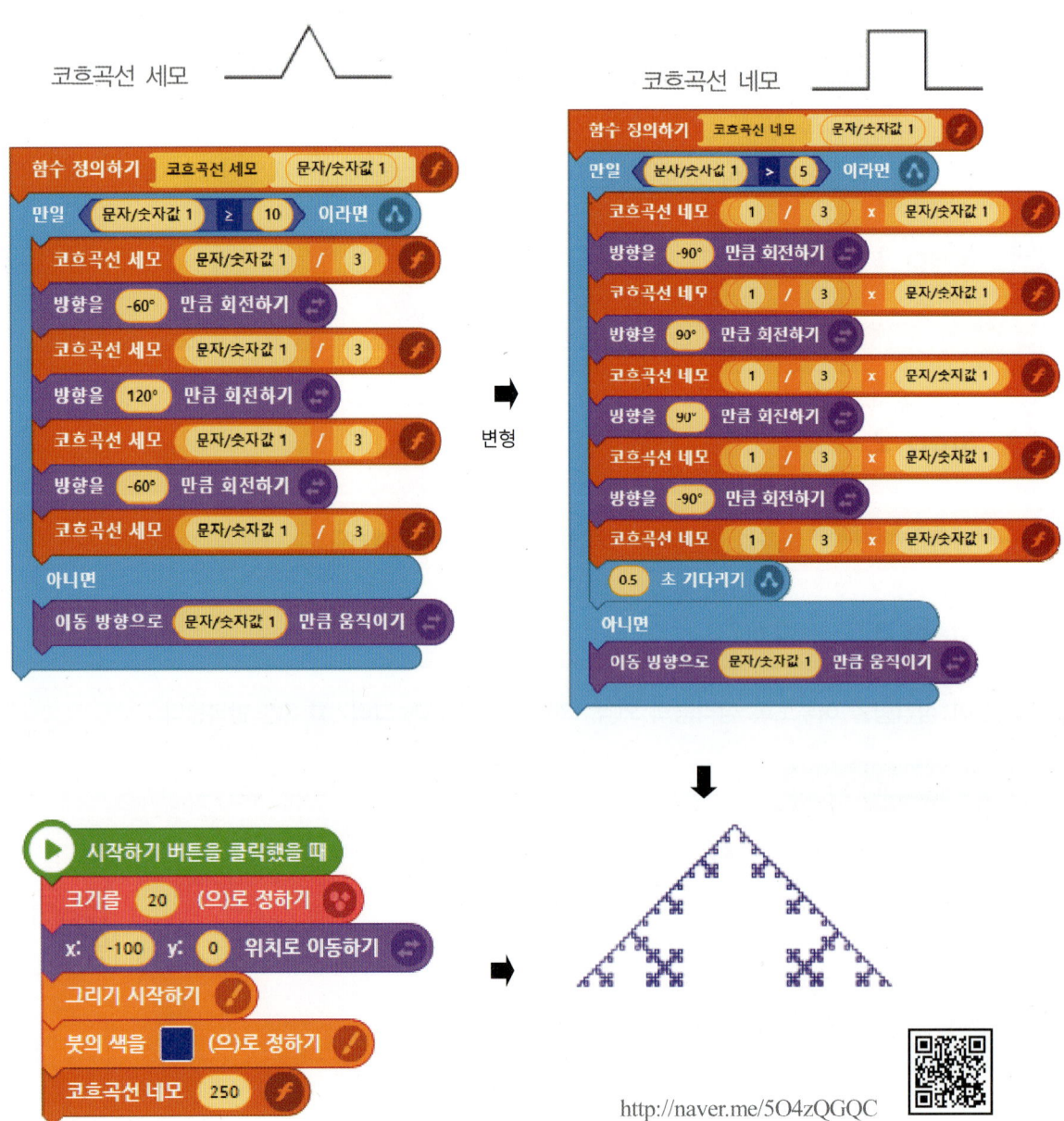

http://naver.me/5O4zQGQC

 **생각해 보기 4**

다음은 코흐곡선(네모)프로그램을 다음과 같이 변형하였다. 결과를 상상해 보고 직접 실행하여 확인 해 보자.

http://naver.me/IMlAyE44   http://naver.me/xlQm0vcK   http://naver.me/xUD8waDA

 **생각해 보기 5**

위에서 정의된 코흐곡선(세모)의 1단계 도형은 ⓐ이다. ⓐ를 정의하는 함수를 ⓑ,ⓒ로 변형하여 다양한 무늬를 만들어 보자.

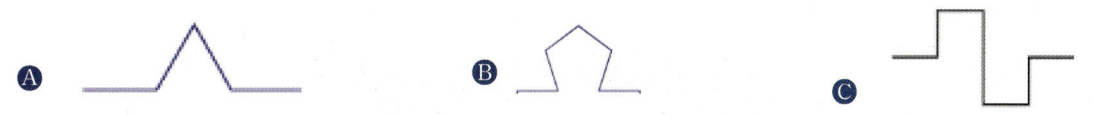

 위에서 그린 『코흐 눈송이』 그리기 프로그램을 이용하여 밤하늘에 눈 내리는 모습을 코딩해 보자.

 Step 1

오브젝트 추가를 이용해 배경을 우주(3)으로 지정한다.

 Step 2

오브젝트 추가로 연필(1)을 추가한다.

 Step 3

『코흐 눈송이』 그리기 프로그램에서 눈송이를 그리기 위해 붓의 색을 흰색으로 지정하고 마지막에 모양 숨기기 블록을 추가한다.

 Step 4

위 블록모음을 실행하면 이래의 화면과 같고 마우스의 우측을 클릭하여 이 결과를 이미지로 저장한다.

Step 5

실행화면 위의 ➕을 클릭하여 장면을 추가한다.

 Step 6

[모양 – 모양 추가하기 – 편집 탭 – 가져오기]를 통해 저장한 이미지를 불러온다.

 Step 7

자르기 탭을 이용해 눈송이를 자르고 [모두 지우기 – 붙이기]를 통해 눈송이만 오브젝트로 가져오자.

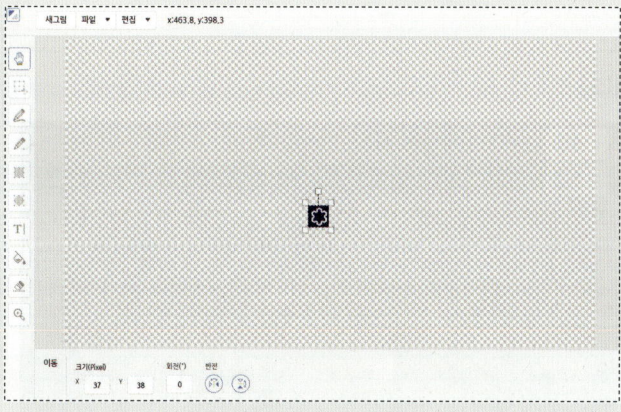

 Step 8

마찬가지로 배경을 우주(3)으로 지정한다.

 Step 9

계속해서 눈이 내리도록 눈송이를 복제한다.

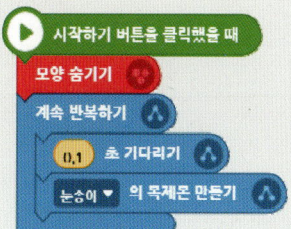

Step 10

눈이 랜덤으로 내리도록 x좌표를 –240부터 240사이의 무작위 수로 지정한다. 그리고 위에서 아래로 떨어져야하므로 y좌표를 150에서 -300까지 움직이도록 블록을 추가한다.

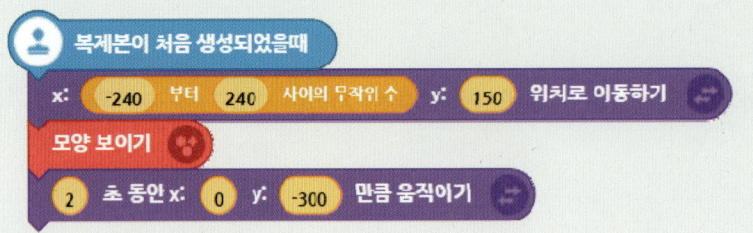

 Step 11

다음은 프로그래밍 결과이다.

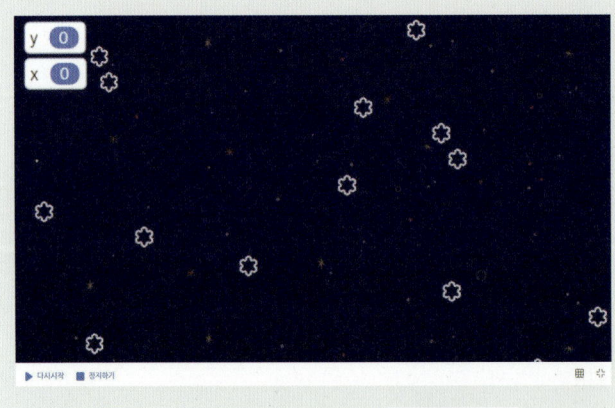

http://naver.me/Fh8WsL1Z

생각해 보기 해답

▶ 생각해 보기 1

완성된 코흐 곡선의 폭이 200이고 최소길이가 약 3인 재귀 함수와 실행결과

▶ 생각해 보기 2

먼저 시어핀스키 삼각형의 각 단계 블록을 살펴보자.

우선 0단계와 1단계의 블록 모양이 비슷한 것을 볼 수 있다. 재귀적 절차 블록에서 '시어핀스키 삼각형 30'을 실행했다면 '시어핀스키 삼각형 15'는 조건에 맞지 않으므로 다음 블록이 실행되어 '30만큼 움직이기'와 '시계방향으로 120도 돌기'가 세번 반복되어 0단계의 모양이 출력된다.

코흐곡선의 경우 각 단계의 블록이 다음과 같다.

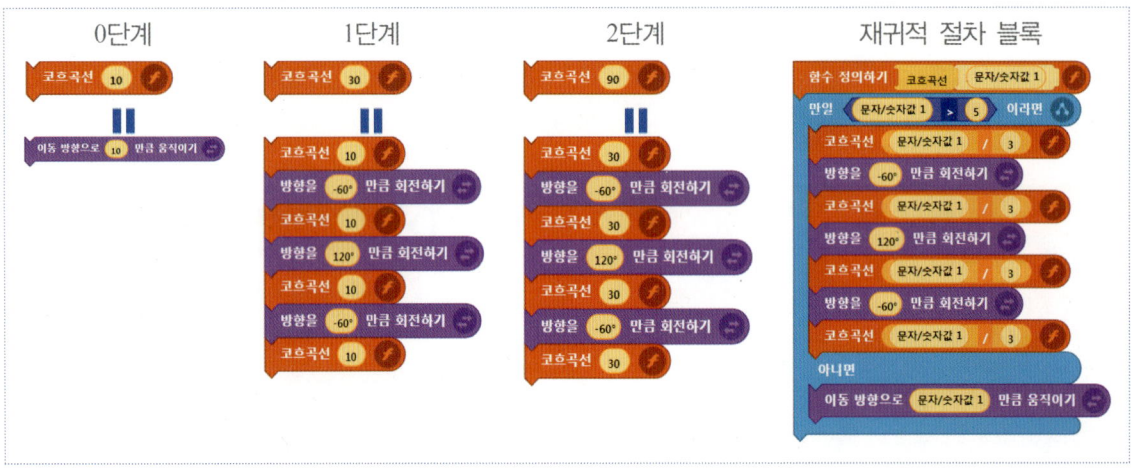

여기서는 0단계와 1단계의 블록이 다른 것을 볼 수 있다. 1단계에서의 '코흐곡선 10'이 실행이 안되면 회전 블록만 남게되어 어떤 움직임도 있지 않게 된다. 만약 재귀적 절차 블록에서 '아니면~'부분이 없다면 '코흐곡선 10'을 실행했을 때 회전만 하고 이동이 없으므로 그림이 그려지지 않게 된다. 따라서 0단계에 해당하는 동작 블록이 실행되려면 '아니면~' 부분을 넣어야 '코흐곡선 10'이 '10만큼 움직이기'로 실행되게 된다.

▶ 생각해 보기 3

코흐 곡선을 삼각형 모양 혹은 오각형 모양으로 돌려 붙인다.

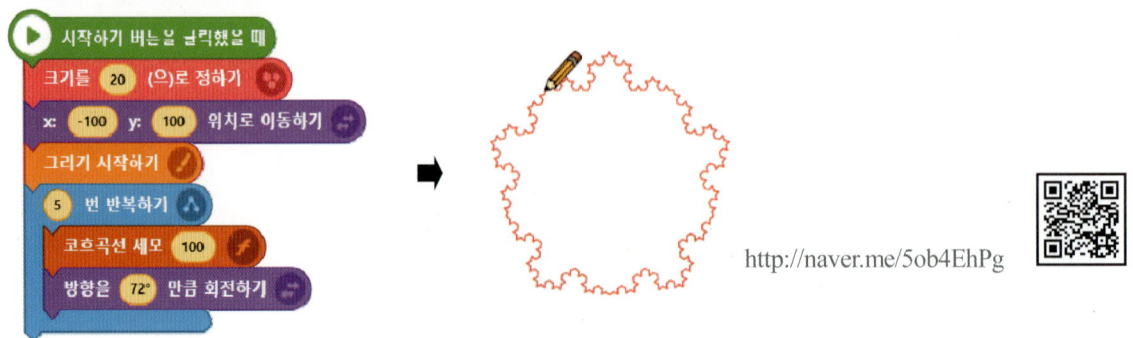

http://naver.me/5ob4EhPg

➡️ **생각해 보기 4**

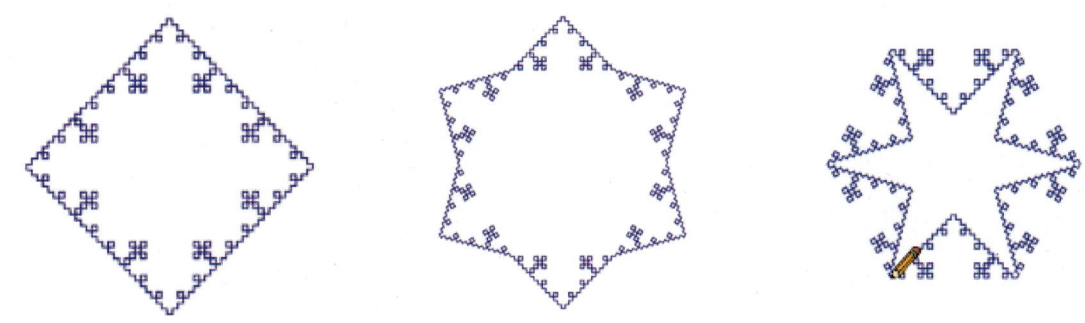

➡️ **생각해 보기 5**

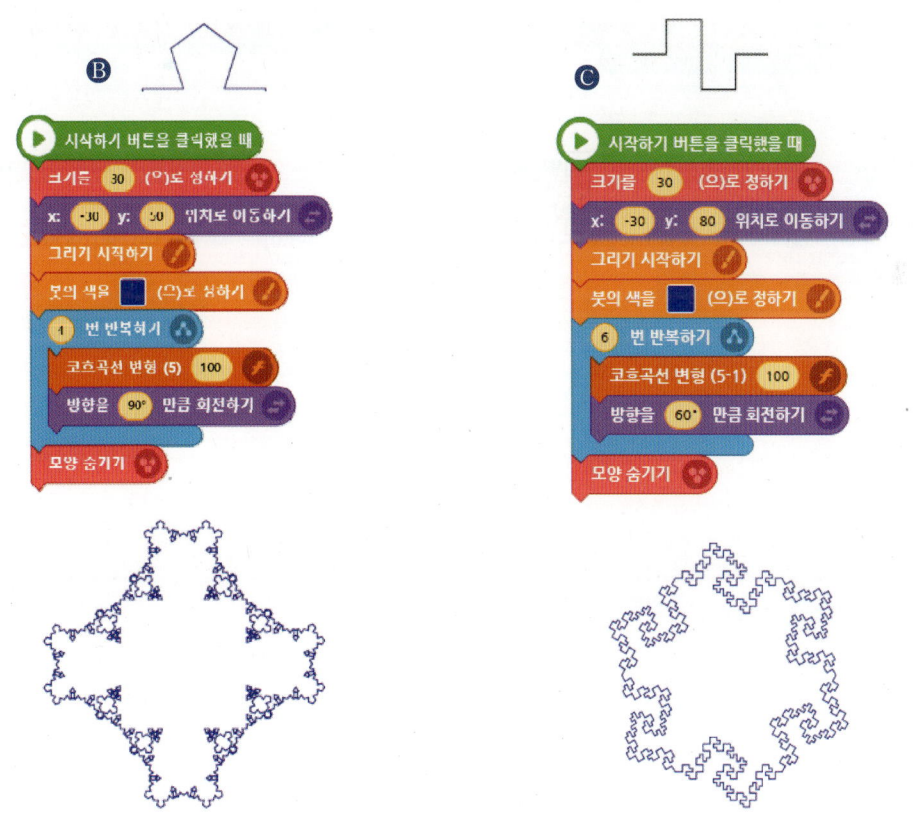

http://naver.me/FLMbyPKq

http://naver.me/IFaqgdS6

CHAPTER 13

프랙탈 나무 그리기

CHAPTER 13 프랙탈 나무 그리기

학습 내용
- 수학 - 프랙탈, 이진 프랙탈 트리, 피타고라스 나무
- 코딩 - 반복, 함수, 재귀 함수

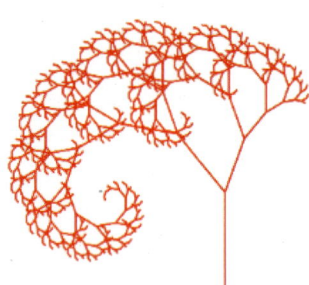
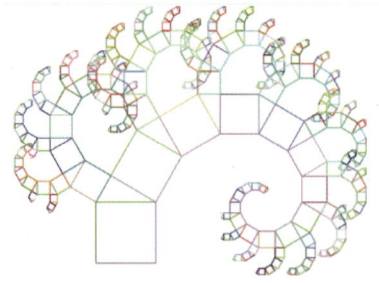

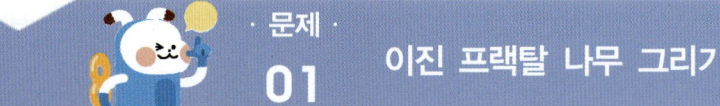

문제 01 이진 프랙탈 나무 그리기

　가장 긴 가지의 길이가 80이고 길이가 점점 0.8배씩 줄어드는 가지들로 이루어진 나무를 그려보자. 이때 가지가 뻗어나는 규칙은 하나의 가지에서 두 개의 가지가 90도를 이루며 대칭적으로 그려지는 것으로 한다.

문제 분석하기

❶ 길이 80의 수직 선분에서 시작한다.
❷ 대칭인 이진 프랙탈 트리(Binary Fractal Tree)를 그리기 위해서 각 $\theta = 90°$ 와 축소비율 $r = 0.8$으로 정하자.
❸ 선분의 위 끝에서 0.8배로 축소된 길이를 갖는 두 개의 가지가 90도를 이루며 그려진다.

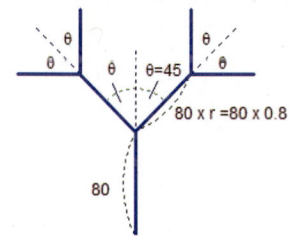

❹ 이러한 과정을 반복한다.

블록 조립하기

❶ 0단계 도형은 길이가 80인 선분이다.

❷ 1단계 도형은 [80만큼 이동 → −45도 회전 → 길이가 80×0.8인 0단계 도형 → 90도 회전 → 길이가 80×0.8인 0단계 도형 → −45도 회전 → −80 이동]을 실행한다.

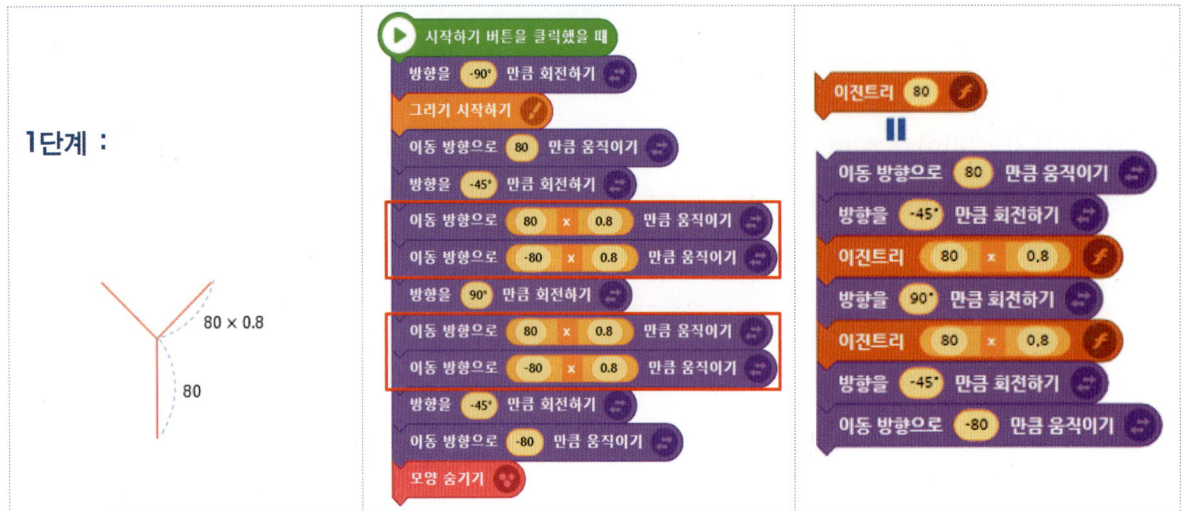

❸ 2단계 도형은 [80만큼 이동 → −45도 회전 → 길이가 $80 \times 0.8 \times 0.8$인 1단계 도형 → 90도 회전 → 길이가 $80 \times 0.8 \times 0.8$인 1단계 도형 → −45도 회전 → −80 이동]1단계 도형을 그린다.

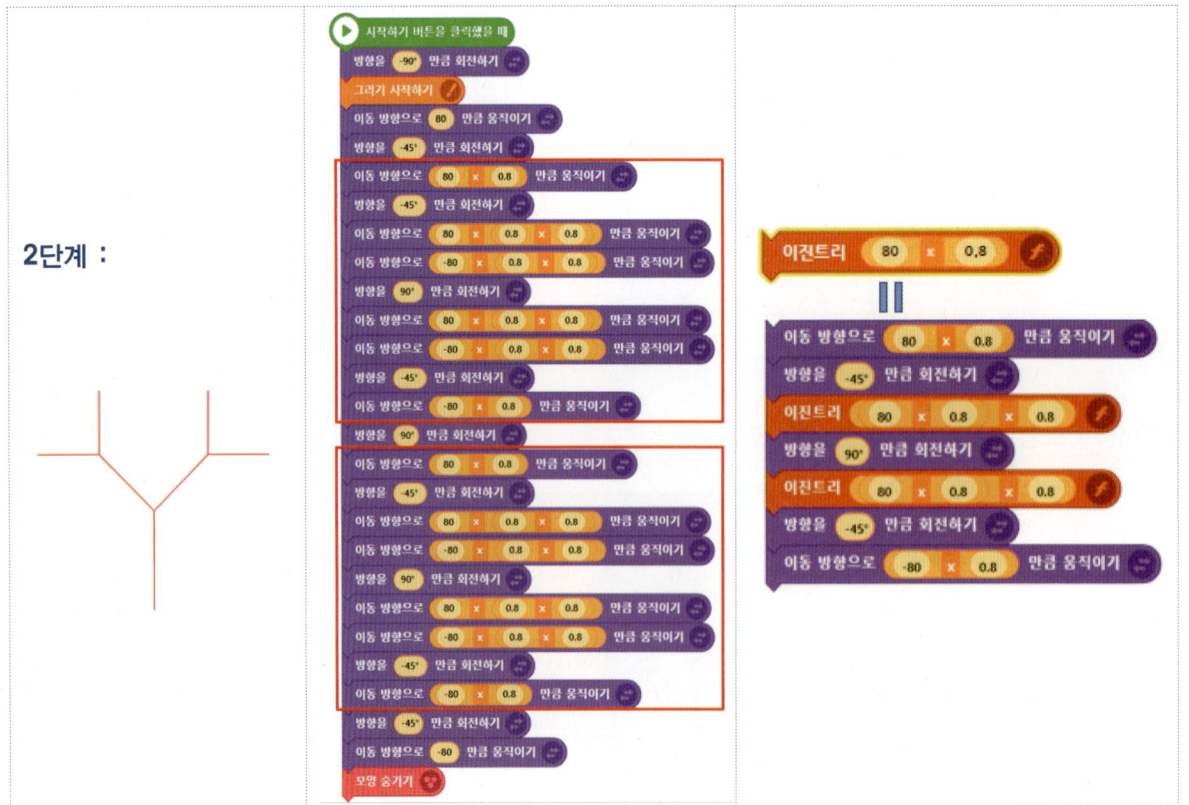

❹ 가장 긴 선분의 길이를 80이라고 하고 위와 같은 규칙에 따라 같은 과정을 되풀이하되 분사/숫사값 1 ≥ 20 인 경우 계속 반복하면 다음과 같은 함수 블록과 실행 결과를 얻을 수 있다.

 **생각해 보기 1**

위의 이진 프랙탈 나무에서 사잇각과 비율을 각각 $\theta = 60$와 $r = 0.7$으로 바꾸고 가장 짧은 가지의 길이가 5일 때까지 그리도록 프로그래밍 해 보자.

 **생각해 보기 2**

위 이진 프랙탈 나무에서 0.7의 비율로 길이가 축소되는 대신 5씩 줄어 가장 작은 길이가 2이상이 되도록 하면 어떻게 될까?

 **생각해 보기 3**

아래와 같이 대칭이 아닌 이진 프랙탈 나무를 그려보자. $\theta_1 = 40, \theta_2 = 20$라하고 가장 긴 변을 60 가장 짧은 변이 3이상일 때까지 그리도록 하자. 각과 길이에 다른 값들을 넣어 그려보자.

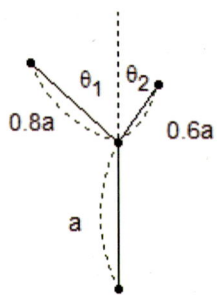

 **생각해 보기 4**

다음 그림은 이진 프랙탈 나무의 변형된 무늬이다. 이진 프랙탈 나무의 프로그램에서 빨간 상자안의 수를 바꾼 것이다. 어떤 모양의 프랙탈이 그려질까? 여러 가지 수를 넣어 결과를 그려보자.

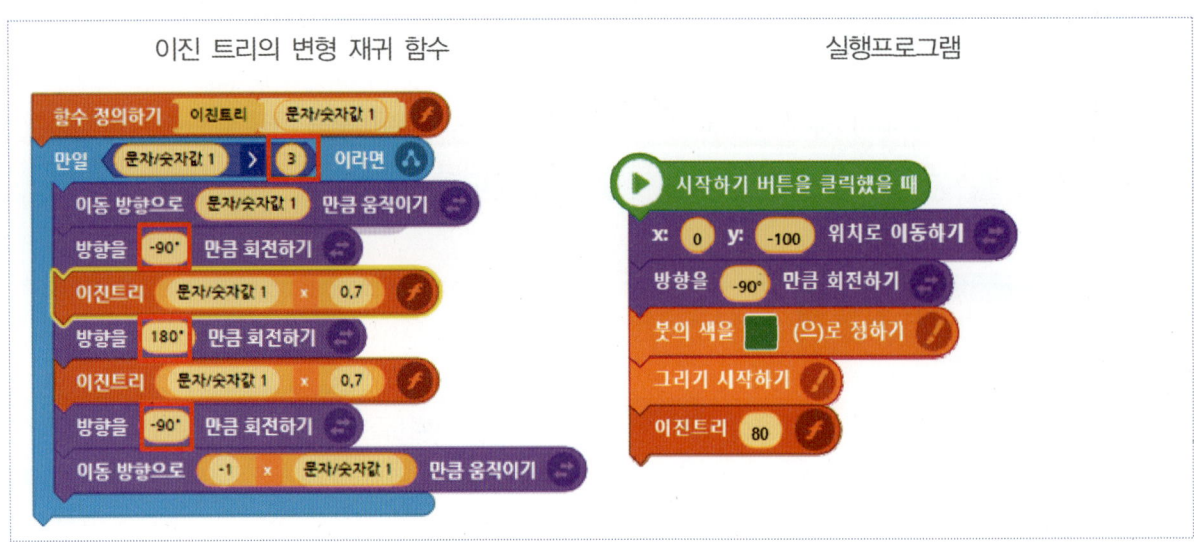

문제 02 피타고라스 나무 그리기

피타고라스 나무는 1942년 네덜란드 수학교사 A.E.Bosman이 처음으로 제시한 정사각형으로 만들어진 평면 프랙탈이다. 그가 만든 피타고라스 나무는 정사각형들이 직각삼각형을 이루며 만나기 때문에 지어진 이름이다.

문제 분석하기

가장 큰 정사각형의 한 변 길이가 80이고 대칭인 피타고라스 나무를 그려보고 규칙을 찾아보자.

❶ 정사각형의 한 변 길이는 다음 이전 정사각형 길이의 $\frac{1}{\sqrt{2}}$ 배이다.

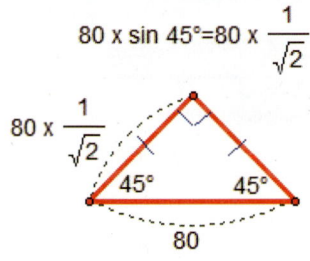

❷ 단계별 도형은 다음과 같다.

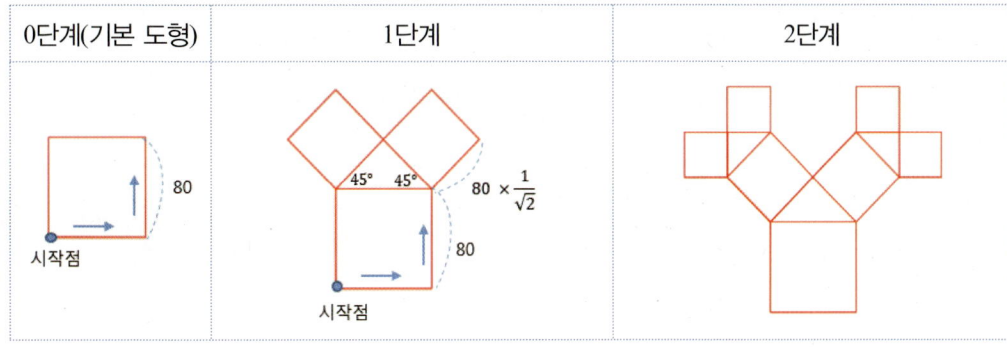

블록 조립하기

가장 긴 변의 길이가 `문자/숫자값 1` 인 피타고라스 나무를 정의하는 재귀 함수 `피타 나무 문자/숫자값 1` 를 정의하자.

$$80 \times \frac{1}{\sqrt{2}} \times \frac{1}{\sqrt{2}}$$

❶ 기본 도형을 정사각형으로 정하자. 길이가 다른 정사각형들을 그려야하므로 '정사각형'이라는 함수를 정의해서 사용하면 편리하다. 정사각형의 한 변 길이가 `문자/숫자값 1` 인 정사각형을 그리는 함수 '정사각형'은 다음과 같다.

- 정사각형을 그릴 때 어느 방향으로 도느냐에 따라 프로그램이 달라진다. 여기서는 시계 반대 방향으로 도는 것을 택하였다.

❷ 가장 긴 변이 80인 피타고라스 나무의 0단계는 정사각형 하나로 이루어져 있다.

❸ 한 변 길이가  인 정사각형(0단계 도형)을 그리고 ❹지점으로 옮겨가서 다음 단계로 나아가기 위해서 방향을 바꾼다.

> **잠깐!**
>
> • 시계 반대 방향으로 돌아 정사각형을 그린 후 오브젝트는 시작할 때와 같이 오른쪽을 향하고 있음에 주의 하자.

❹ 피타 나무 문자/숫자값 1 을 그리기 위해서는 한 변 길이가 문자/숫자값 1 인 정사각형 ❶을 그리고 그 위에 전 단계의 피타 나무 문자/숫자값 1 / 2 의 루트 ▼ 을 두 개 ❷,❸ 그린다.

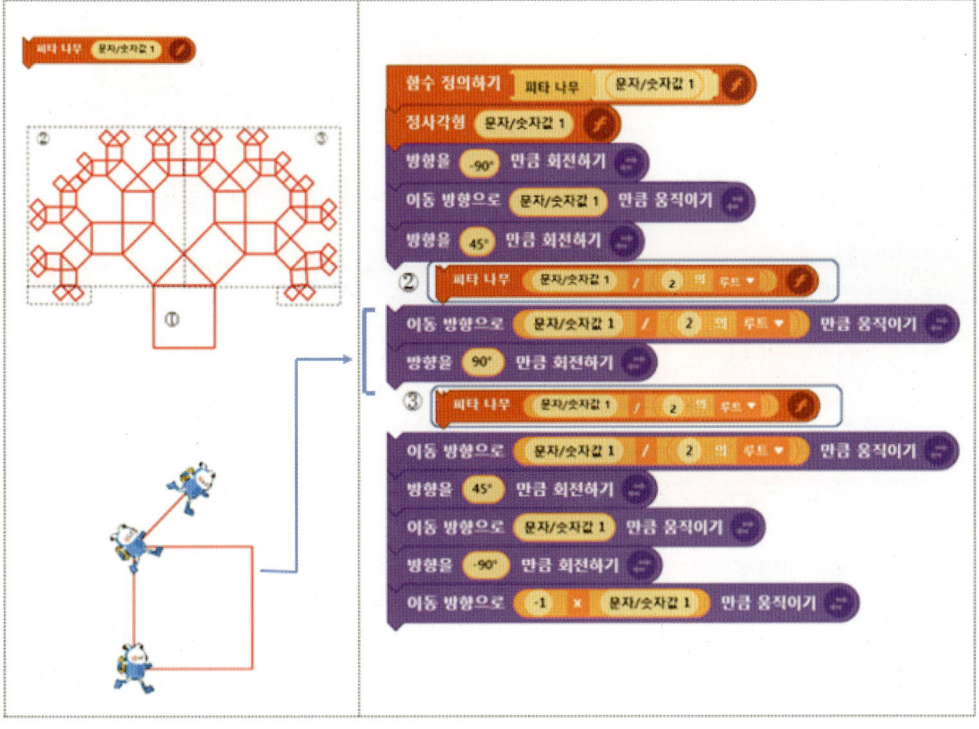

CHAPTER 13 프랙탈 나무 그리기 | 251

❺ `피타 나무 80` 의 경우 단계별 최소 정사각형의 한 변 길이는 얼마일까?

0단계	1단계	2단계	⋯	n단계
80	$80 \times \dfrac{\sqrt{2}}{2}$	$80 \times (\dfrac{\sqrt{2}}{2})^2$	⋯	$80 \times (\dfrac{\sqrt{2}}{2})^n$

❻ 4단계까지 그린 경우 최소 정사각형의 한 변 길이는 $80 \times (\dfrac{1}{\sqrt{2}})^4 \approx 28$

5단계까지 그린 경우 최소 정사각형의 한 변 길이는 $80 \times (\dfrac{1}{\sqrt{2}})^5 \approx 14$

따라서 `문자/숫자값 1 ≥ 20` 즉, 정사각형의 한 변 길이가 20이 넘는 한 이 과정을 계속 진행하라는 것은 4단계까지 그리라는 것을 의미한다.

❼ 이제 조건 블록을 써서 블록조립을 완성해 보자.

- 빨간 상자 안의 수가 20이므로 그림은 4단계까지 그려진 것이다.

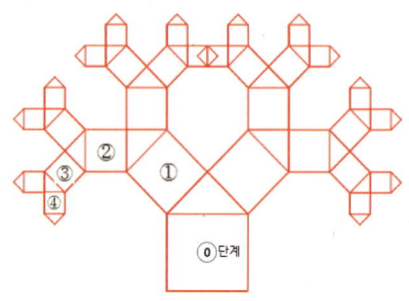

생각해 보기 5

위의 빨간 상자안의 수를 5로 바꾸고 을 실행해보자. 어떻게 달라질까?

생각해 보기 6

그런데 프로그램을 실행하면 마지막 정사각형 위에 삼각형이 그려진 것을 볼 수 있다. 이유는 무엇일까? 재귀 함수의 호출 과정 절차를 살펴보아라.

더 나아가기 1   비대칭형의 피타고라스 나무 그리기

세 개의 정사각형에 둘러싸인 삼각형이 다음과 같은 직각삼각형이라고 하자.

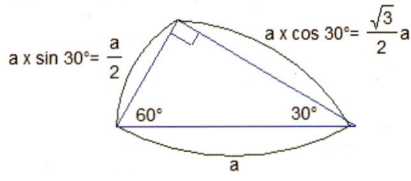

(1) 파란 상자 부분에 주의하면서 피타나무 함수 정의를 수정하여 실행해 보자.

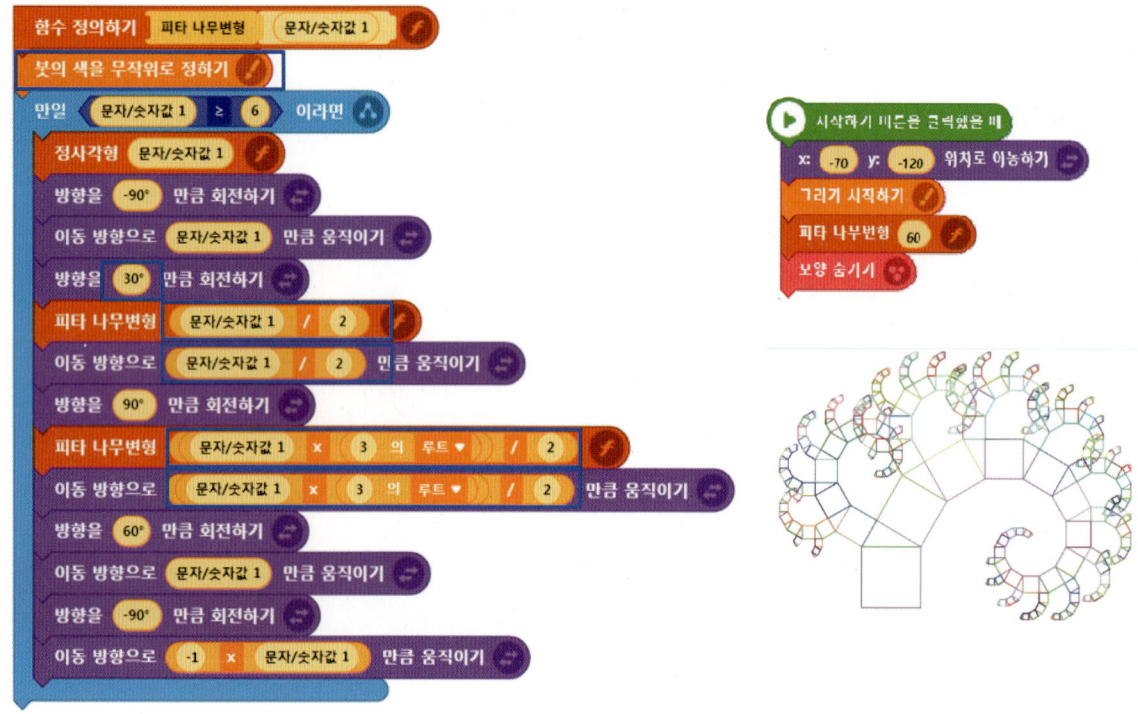

http://naver.me/IFaJesVR

 생각해 보기 해답

▶ 생각해 보기 1

http://naver.me/IFaqGbLd

➡ 생각해 보기 2

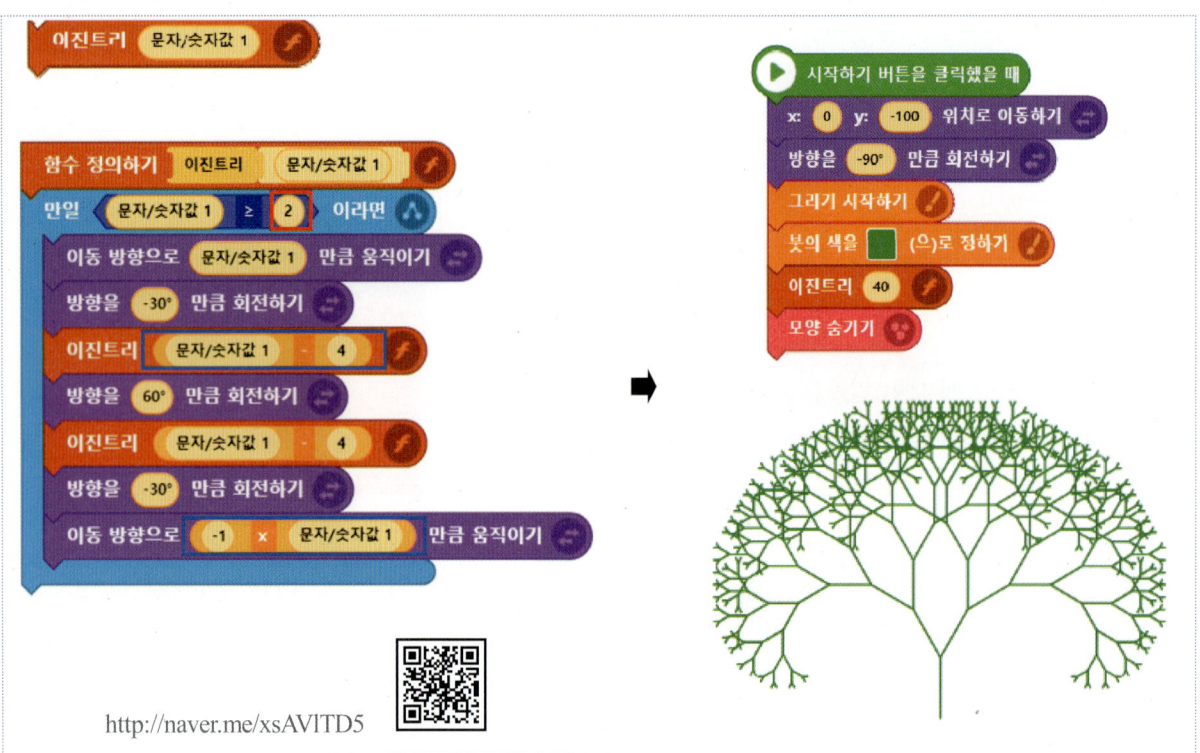

http://naver.me/xsAVlTD5

➡ 생각해 보기 3

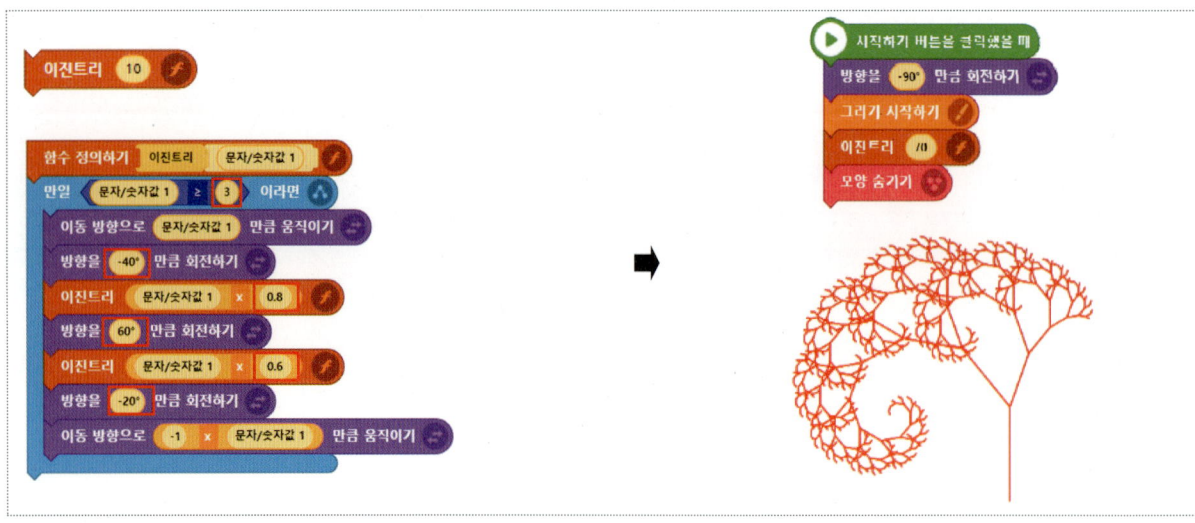

▶ 생각해 보기 4

▶ 생각해 보기 5

최소 정사각형의 변의 길이가 작아지므로 단계가 높아지고 따라서 더 무성하게 우거진 나무가 그려진다.

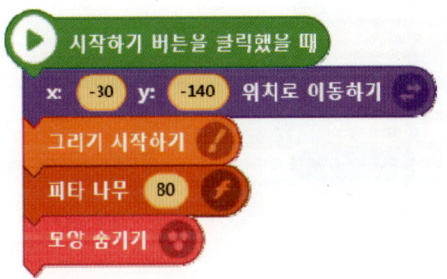
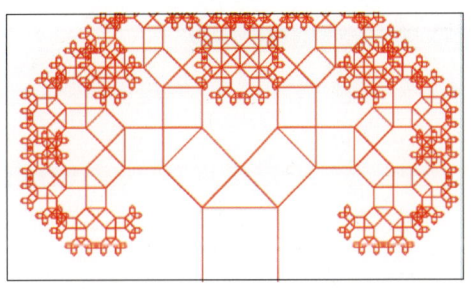

▶ 생각해 보기 6

가장 큰 정사각형의 한 변 길이가 80인 피타고라스 나무를 그리는 과정, 즉 재귀 함수를 자세히 살펴보자.

(1)

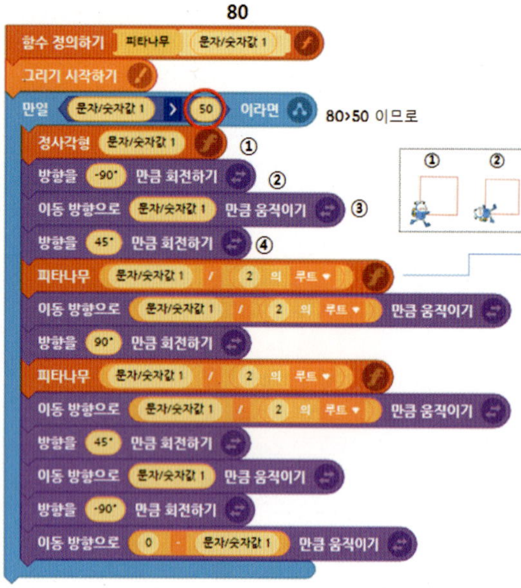
80
함수 정의하기 피타나무 문자/숫자값 1
그리기 시작하기
만일 문자/숫자값 1 > 50 이라면
80>50 이므로
정사각형 문자/숫자값 1 ①
방향을 -90° 만큼 회전하기 ②
이동 방향으로 문자/숫자값 1 만큼 움직이기 ③
방향을 45° 만큼 회전하기 ④
피타나무 문자/숫자값 1 / 2 의 루트
이동 방향으로 문자/숫자값 1 / 2 의 루트 만큼 움직이기
방향을 90° 만큼 회전하기
피타나무 문자/숫자값 1 / 2 의 루트
이동 방향으로 문자/숫자값 1 / 2 의 루트 만큼 움직이기
방향을 45° 만큼 회전하기
이동 방향으로 문자/숫자값 1 만큼 움직이기
방향을 -90° 만큼 회전하기
이동 방향으로 0 - 문자/숫자값 1 만큼 움직이기

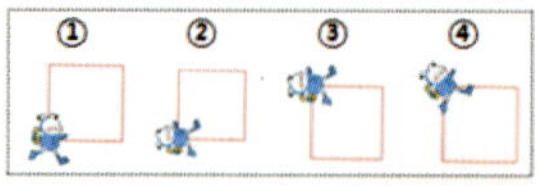
①
②
③
④

(2)

80/√2
함수 정의하기 피타나무 문자/숫자값 1
그리기 시작하기
만일 문자/숫자값 1 > 50 이라면
80/√2 >50 이므로
정사각형 문자/숫자값 1 1
방향을 -90° 만큼 회전하기 2
이동 방향으로 문자/숫자값 1 만큼 움직이기 3
방향을 45° 만큼 회전하기 4
피타나무 문자/숫자값 1 / 2 의 루트
이동 방향으로 문자/숫자값 1 / 2 의 루트 만큼 움직이기
방향을 90° 만큼 회전하기
피타나무 문자/숫자값 1 / 2 의 루트
이동 방향으로 문자/숫자값 1 / 2 의 루트 만큼 움직이기
방향을 45° 만큼 회전하기
이동 방향으로 문자/숫자값 1 만큼 움직이기
방향을 -90° 만큼 회전하기
이동 방향으로 0 - 문자/숫자값 1 만큼 움직이기

(2)

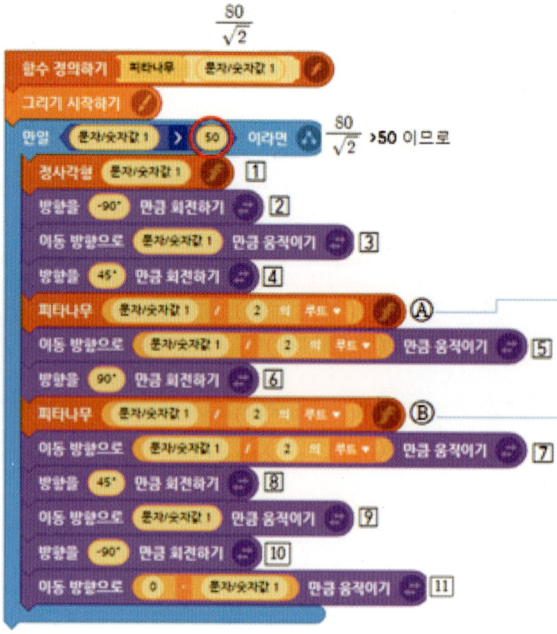
80/√2
함수 정의하기 피타나무 문자/숫자값 1
그리기 시작하기
만일 문자/숫자값 1 > 50 이라면
80/√2 >50 이므로
정사각형 문자/숫자값 1 1
방향을 -90° 만큼 회전하기 2
이동 방향으로 문자/숫자값 1 만큼 움직이기 3
방향을 45° 만큼 회전하기 4
피타나무 문자/숫자값 1 / 2 의 루트 Ⓐ
이동 방향으로 문자/숫자값 1 / 2 의 루트 만큼 움직이기 5
방향을 90° 만큼 회전하기 6
피타나무 문자/숫자값 1 / 2 의 루트 Ⓑ
이동 방향으로 문자/숫자값 1 / 2 의 루트 만큼 움직이기 7
방향을 45° 만큼 회전하기 8
이동 방향으로 문자/숫자값 1 만큼 움직이기 9
방향을 -90° 만큼 회전하기 10
이동 방향으로 0 - 문자/숫자값 1 만큼 움직이기 11

(3)

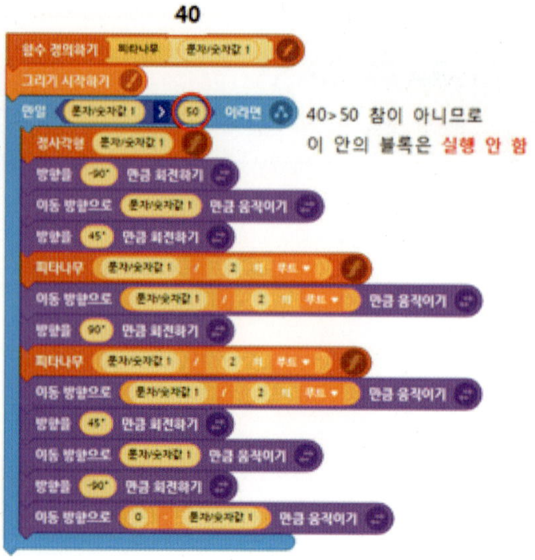
40
함수 정의하기 피타나무 문자/숫자값 1
그리기 시작하기
만일 문자/숫자값 1 > 50 이라면
40>50 참이 아니므로
이 안의 블록은 실행 안 함
정사각형 문자/숫자값 1
방향을 -90° 만큼 회전하기
이동 방향으로 문자/숫자값 1 만큼 움직이기
방향을 45° 만큼 회전하기
피타나무 문자/숫자값 1 / 2 의 루트
이동 방향으로 문자/숫자값 1 / 2 의 루트 만큼 움직이기
방향을 90° 만큼 회전하기
피타나무 문자/숫자값 1 / 2 의 루트
이동 방향으로 문자/숫자값 1 / 2 의 루트 만큼 움직이기
방향을 45° 만큼 회전하기
이동 방향으로 문자/숫자값 1 만큼 움직이기
방향을 -90° 만큼 회전하기
이동 방향으로 0 - 문자/숫자값 1 만큼 움직이기

잠깐!

- (2)에서 Ⓐ블록은 실행되지 않고 ⑤와 ⑥ 블록이 실행되며 Ⓑ블록 또한 실행되지 않고 ⑦~⑪까지 실행된다. 즉, 마지막에는 ⑦~⑪가 실행되어 지붕모양이 나타난다.

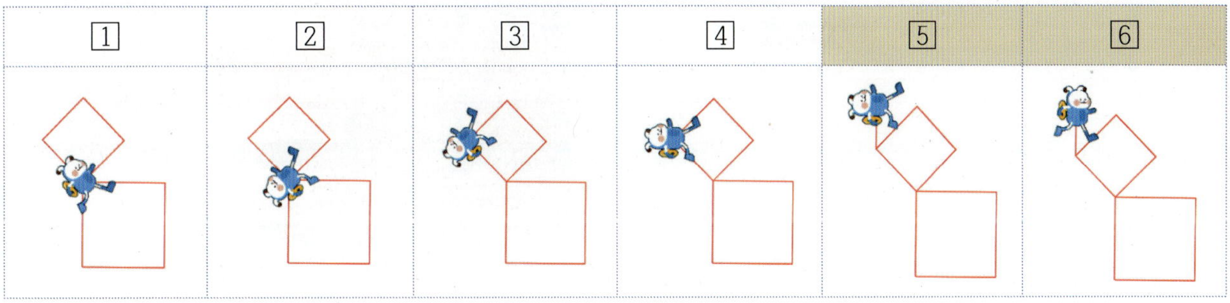

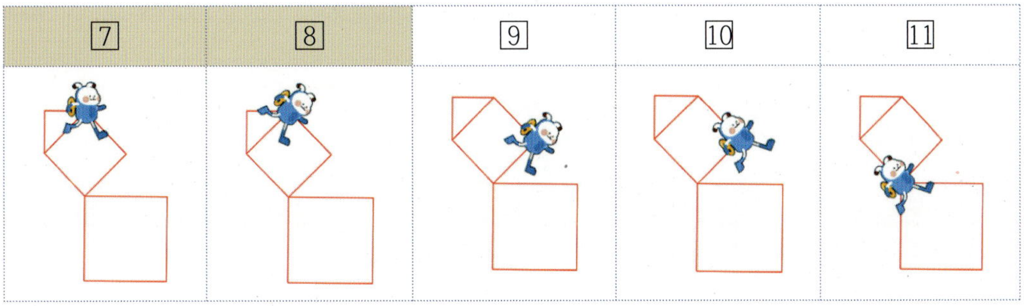

CHAPTER 13 프랙탈 나무 그리기　259

(2)를 마치고 (1)로 돌아가기

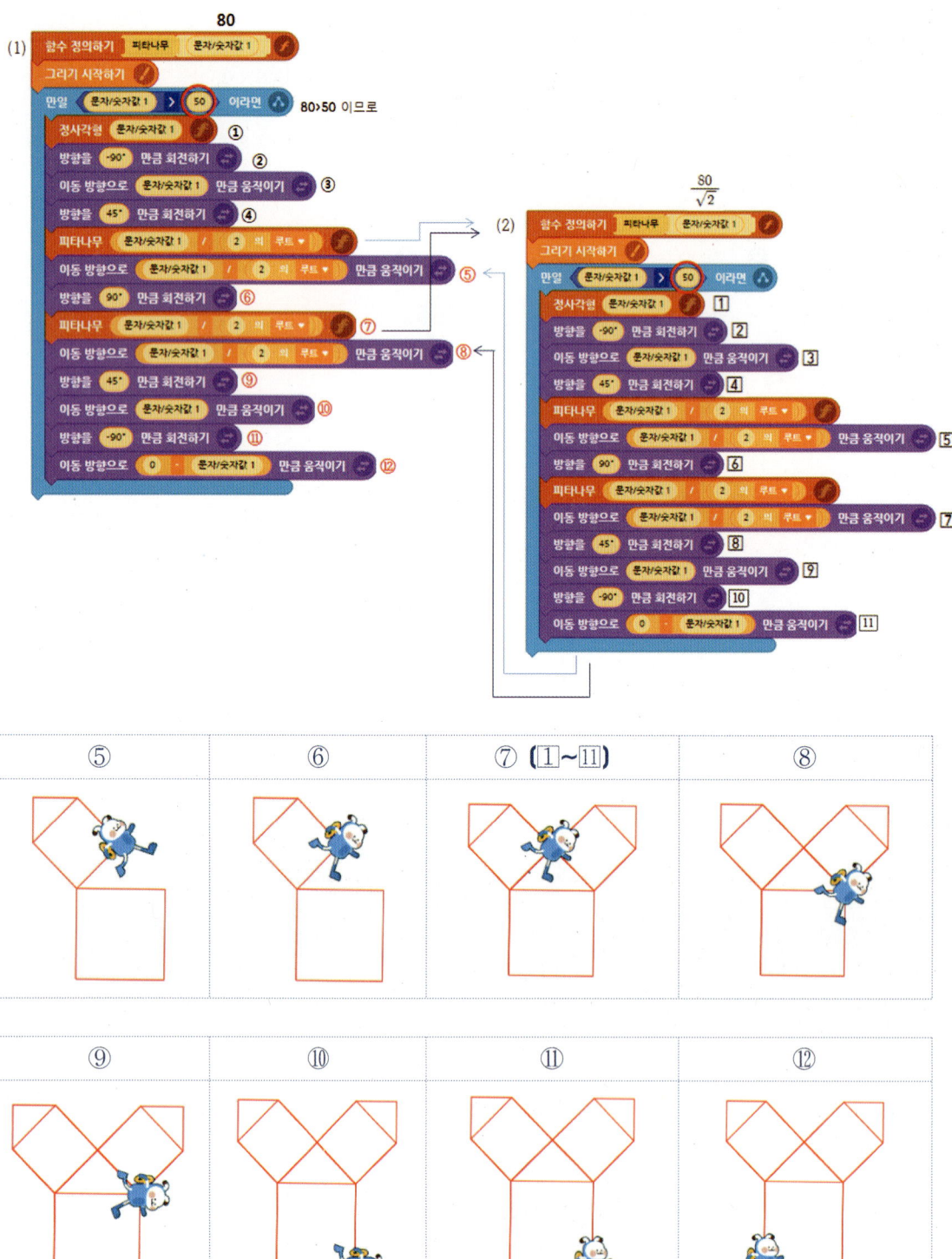